·哲人丛书

蒙培元————

著

孔子

北京大学出版社

PEKING UNIVERSITY PRESS

图书在版编目(CIP)数据

孔子/蒙培元著. —北京:北京大学出版社,2019.8
(未名·哲人丛书)
ISBN 978-7-301-30526-3

Ⅰ. ①孔… Ⅱ. ①蒙… Ⅲ. ①孔丘(前 551-前 479)—生平事迹
Ⅳ. ①B222.2

中国版本图书馆 CIP 数据核字(2019)第 095953 号

书　　　名	孔子
	KONGZI
著作责任者	蒙培元　著
责 任 编 辑	魏冬峰
标 准 书 号	ISBN 978-7-301-30526-3
出 版 发 行	北京大学出版社
地　　　址	北京市海淀区成府路 205 号　　100871
网　　　址	http://www.pup.cn　　新浪微博:@北京大学出版社
电 子 信 箱	weidf02@sina.com
电　　　话	邮购部 010-62752015　发行部 010-62750672
	编辑部 010-62750673
印 刷 者	北京宏伟双华印刷有限公司
经 销 者	新华书店
	890 毫米×1240 毫米　A5　7 印张　138 千字
	2019 年 8 月第 1 版　2019 年 8 月第 1 次印刷
定　　　价	42.00 元

序

汤一介[*]

德国哲学家雅斯贝斯(1883—1969)曾经提出"轴心时代"的观念。他认为,在公元前 500 年前后,在古希腊、印度、中国和以色列等地几乎同时出现了伟大的思想家,他们都对人类关切的根本问题提出了独到的看法。古希腊有苏格拉底、柏拉图,印度有释迦牟尼,中国有老子、孔子,以色列有犹太教的先知们,形成了不同的文化传统。这些文化传统经过两千多年的发展已经成为人类文化的主要精神财富。"人类一直靠轴心时代所产生的思考和创造的一切而生存,每一次新的飞跃都回顾这一时期,并被它重新燃起火焰。"(雅斯贝斯:《历史的起源与目标》,北京:华夏出版社 1989 年版,第 14页。)例如,欧洲的文艺复兴就是把目光投向其文化的源头古希腊,使欧洲的文明重新燃起新的光辉,而对世界产生重大影响。中国的宋明理学(新儒学)在印度佛教的冲击后,再次回归孔孟,而把中国哲学提高到一个新的水平。各个民族、各个国家的思想家们就是这

---

* 北京大学哲学系教授、博士生导师,中国文化书院创院院长,北京大学哲学系文化研究所名誉所长。

样一代一代相传地推动着人类的历史文化的发展。我想，上述雅斯贝斯关于"轴心时代"的观念，可以对编这套书有一点重要启示，这就是人类必须不断回顾自己的历史，重温自己的文化传统。人类的历史是由人自身创造的，这中间推动历史前进的伟大思想大师无疑起着巨大的作用。如果我们能用准确而生动的语言写出这些大师启迪人的思想，应该能实现这套书所希望的"让大师走进大众，让大众了解大师"的宗旨。

　　司马迁说："居今之世，志古之道，所以自镜也，未必尽同。"我们生活在今天，有志向实现自古以来人类的理想，重温自古以来的人们走过的历史历程，以此作为我们的借鉴，是非常必要的。因为"历史是一面镜子"，虽然时移事迁，现在和过去不一定都一样，但总可以从古来的大师们的智慧中得到教诲。自古以来可以称得上"大师"的应该是：既能以他的深邃的思想引导人，又能以他的人格魅力吸引人，他们是真、善、美的化身。但是，看看今天我们的社会，不能不承认确实存在着不少问题，也许最为使人们担心的是，由于物欲的驱动，让许多人失去了理想，丢掉了做人的道理，这样下去将是十分危险的。"榜样的力量是无穷的"，这套书对我们将能起着以"大师"为榜样的作用，使我们在各自的岗位上，不断丰富自己的知识，提高自己的理论思维能力，加强自己的道德修养，为人类社会的福祉做自己力所能及的事。

汤一介

2005 年 8 月 8 日

克复传颜图

孔门四科图

孔子周游列国图

太庙问礼图

职司乘田图

俎豆礼容图

四子侍坐图

杏坛礼乐图

武城弦歌图

退修诗书图

目 录
CONTENTS

孔子评传

孔子是我国历史上第一位伟大的教育家和思想家，是儒家学说的创始人。他的学说对中国文化的发展产生了深远的影响，成为中国文化的象征，被历代学者尊为圣人。他在不同时代、不同人的心目中形成了不同的形象，但是，一直以来，人们都想了解本来的孔子。

我们所能做的，就是不断接近历史上的本来的孔子，同时又不能不打上时代的烙印。这也就是为什么孔子永远值得人们解读的原因。孔子所开创的中国文化传统，并没有成为"过去"，问题在于我们如何去解读它。

孔子的一生是追求人生的理想境界和社会治平之道的一生，同时又是充满悲剧色彩的一生。世界上的许多伟大人物都具有悲剧色彩，但具体经历和情境各不相同，命运也不相同。孔子在他那个时代，可说是"知其不可而为之者"，是将其一生献给整个民族和人类的东方式的圣者。

一、家庭背景

孔子名丘,字仲尼,生于鲁襄公二十二年(前 551),据《史记》,从众说。(《春秋穀梁传》记作,鲁襄公二十一年冬十月庚子)春秋时期的鲁国人。他的祖先是殷的后裔——宋国贵族。宋的始祖是微子启,受封于周初。微子死后,其弟微仲继位,他就是孔子的先祖。到宋湣公时,有子二人,长子弗父何,次子鲋祀。湣公死时传位于弟炀公而不传子,炀公被鲋祀所杀。当时应由长子弗父何继位,但弗父何不受,让位于弟鲋祀,是为历公。弗父何即是孔子的第十代祖,此后世代为宋大夫。

孔子的第七代祖正考父史称贤大夫,很有名望。他很熟悉古典文献,以谦让俭朴见称。他辅佐过宋国的三代君主,名望越大,越是谦恭。他在家庙的鼎文中写道:"一命而偻,再命而伛,三命而俯。循墙而走,亦莫余敢侮。饘于是,鬻于是,以糊余口。"[①]就是说,接受命令的时候,一次比一次谦恭,开始是低首,其后是曲背,再后是弯腰。顺着墙边谨慎小心地行走,谁也不敢欺侮我。靠这口鼎煮饘作粥,充饥而已。

孔子的第六代祖孔父嘉即正考父之子,在一次宫廷斗争中被华

----

① 《左传·昭公七年》。

督所杀(与宋殇公一起被杀),其第三代祖防叔为了避祸,逃到鲁国
的陬邑,成为陬人。①

孔子的父亲叔梁纥即防叔之子,由于是大夫的后代,又加上勇
力过人,受到重视,成为鲁国孟献子属下的一名武士。鲁襄公十年
(前563),晋国联合鲁国在内的几个诸侯国进攻偪阳(今山东境
内),打算将偪阳封给宋国的向戌。叔梁纥参加了战斗。当诸侯国
的军队包围偪阳城时,偪阳人将城门悬起,让军队进入,之后又将城
门关上,准备内外分割而消灭之。这时,叔梁纥用力将城门撑起,使
入城的士兵退出。② 七年之后,即鲁襄公十七年(前556),齐国进攻
鲁国北边的防邑,齐国高厚带领军队将防城包围。叔梁纥与鲁大夫
臧纥兄弟正在防邑。鲁国为救臧纥,将军队开到旅松这个地方,再
不敢前进了。夜间,叔梁纥带领臧畴、臧贾和甲士三百人突围而出,
将臧纥送到鲁军驻地,然后又返回防邑固守,齐军终未攻下,撤兵而
去。由于叔梁纥的勇力和战功,受到诸侯国的重视,成为陬邑大夫。

叔梁纥娶施氏女为妻,生九女,但无儿子,后娶妾,生一子,取名
孟皮,字伯尼,伯尼有足疾(跛子)。叔梁纥六十多岁时,向颜家求
婚,颜氏第三女颜征在愿意嫁给叔梁纥,史称"野合"。③ 所谓"野
合",历来有不同解释,一种是指不备礼而野外结合,一种是指按年
龄说不合礼仪。古时认为,六十多岁结婚即不合礼仪。叔梁纥已六

---

① 据《孔子家语·本姓解》。
② 《左传·襄公十年》。
③ 《史记·孔子世家》。

十多岁（有人推算是六十六岁），而颜征在才十几岁，以其不合礼仪，故称之为"野合"。后来的儒家多取后一种解释。

　　鲁襄公二十二年（前 551）夏历八月二十七日，孔子诞生，史称"祷于尼丘得孔子"[①]。孔丘之名即由此而来。大概叔梁纥很盼望得子，故祷告于丘山，果然生下一子。此时叔梁纥已近七十，三年后就去世了。

二、少年时代

　　孔子三岁丧父，在母亲颜征在的带领下，到了曲阜城内的阙里住下，从此开始了少年时代。

　　曲阜是周公封地鲁国的都城。周公的子孙从伯禽开始世代定居在此，这里保存了大量的文物典籍，以行周公之礼（周公所制定的周礼）而著称，对于孔子的成长极为有利。据《左传·昭公二年》记载（当时孔子十一岁），晋侯使者韩宣子到鲁国，"观书于大史氏，见《易象》与《鲁春秋》。曰：'周礼尽在鲁矣。吾乃今知周公之德，与周之所以王也'"。所谓"周礼尽在鲁"，是说在当时"礼崩乐坏"的春秋末期，西周的典章文物还保存在鲁国，说明鲁国不愧是周公的封地。而孔子就是在这样的环境下成长的。

---

① 《史记·孔子世家》。

　　应当指出,孔子的母亲是一位教子有方的伟大母亲。她年纪很轻,但是能体会丈夫对儿子的期望与用意。她以极大的勇气离开陬邑,来到都城曲阜,在极端艰苦的条件下维持生计,教育儿子,这是孔子的幸运。母子二人怎样生活,由于史料缺乏,无法知道。孔子说过:"吾少也贱,故多能鄙事。"[①]由此可见,年少的孔子,很早就能从事各种劳动。所谓"鄙事"是指鄙贱的事,包括家务劳动以及为别人干各种杂事以谋生。这些"鄙事"磨炼了孔子的意志,使之成为一位多才多艺的人。

　　孔子毕竟是大夫的后代,他父亲也有一定的声威,这使他有一个良好的家庭环境。据传,他的母亲颜征在也出身于曲阜大族,母子迁到曲阜后,生活上可能得到家族的某些帮助。[②] 但主要生活来源,还是靠他母亲的辛勤劳动。颜征在除了对儿子的慈爱抚养之外,对儿子的要求也是很严的。这使幼小的孔子从心灵深处受到文化熏陶。据《史记·孔子世家》说:"孔子为儿嬉戏,常陈俎豆,设礼容。"俎豆是祭祀时放供品的方形和圆形的器具,具有神圣性。"陈俎豆"是将祭祀用的俎豆陈列出来,摆成祭祀时的样子;"设礼容"是仿照祭礼的样子,行跪拜之礼。是真的俎豆,还是以某种小孩玩具当俎豆,或仿照俎豆的样子做成的替代品,不得而知。但是,从这件事可以看出,正当嬉戏之年的孔子,心里所想,行为所表现者,已经

---

①　《论语·子罕》。

②　匡亚明:《孔子评传》有考证,济南:齐鲁书社1985年版。

不同于一般儿童了。据有人考证,孔子母亲"豫市礼器,以供嬉戏"①,即买礼器给孔子作玩具。如果确有其事,那么,颜征在实在是很有眼光的。

孔子十七岁之前,母亲便去世了②,去世时,年仅四十岁左右,这肯定与她的过度操劳有关。少年孔子除了悲痛(孔子是有名的孝子)之外,已经懂得了礼仪。他决定将母亲与父亲合葬,但是不知道父亲的墓地所在。因为孔子三岁丧父,年龄尚小,故不知父墓,而他的母亲也没有告诉他父墓何在。他母亲之所以未曾告诉他父墓所在,有一种解释认为是"母讳之也"③,即因为与叔梁纥的婚姻不合于礼而讳避不告。但也有人认为,由于颜征在以十几岁的妙龄嫁给六十多岁的叔梁纥,而叔梁纥不久老死,根据当时的礼俗,少年寡妇为避嫌而不能送葬,故不知其墓而未告。④ 但不管是哪种原因,孔子合葬父母之举,显然是孝敬父母的表现。为了打听父墓以实现合葬,孔子将母亲的灵柩停放在"五父之衢",即叫作五父的一个四通八达的路口,以便询问。这是一个很特别的举动。正好有一位车夫的母亲,也是颜征在从前的好邻居,从这里经过,觉得孔子的做法很奇怪,便问孔子,孔子也就借此机会向这位老人打听父墓,老人告诉了他。于是,孔子将父母合葬于防,即曲阜东十余里的防山。

---

① 郑环:《孔子世家考》。
② 据《史记·孔子世家》。
③ 同上。
④ 司马贞:《史记索隐》。

孔子母亲去世后不久，孔子未除孝服，正赶上鲁国季孙氏宴请贵族，士一级的下级贵族是宴请的对象。十七岁的孔子，作为武士叔梁纥之子也去参加，但是受到季氏家臣阳虎（即阳货）的奚落。阳虎对孔子说："季氏飨士，非敢飨子也。"①意思是，孔子够不上士。孔子受到一次打击，便退出了。

三、勤奋学习

童年丧父，少年丧母，家境的贫寒，阳虎之流的奚落，这些都没有改变孔子的意志，反而增强了他的信心和决心，利用一切机会和条件，勤奋学习，锻炼自己，以至于到了"发愤忘食，乐以忘忧"的境地，终于赢得了尊敬。孔子曾经说过，"吾十有五而志于学"②。这是一个大概的说法。就一个人的成长而言，十五岁是学习的年龄；就孔子而言，只会提前，不会推后。这里所谓"学"，就是"礼、乐、射、御、书、数"的"六艺"之学，而且不止于此，还要进到诗、书、礼、乐、易、春秋这些经典（亦称"六艺"即"六经"）的学习，即后来所说的"大学"。春秋时期，王朝的官学已经崩溃，"学"已经下移到民间，学不在"官"而在"野"。孔子就是在这种环境下学习经典的。当然，孔子的学习范围是很广的，所谓"多能鄙事"，其中就包括很多实际知识

---

① 《史记·孔子世家》。
② 《论语·为政》。

的学习。后来他在同学生樊迟的对话中说，"吾不如老农"，"吾不如老圃"，这是真的。种地、种菜这一类的劳动，不是"士"所能干的；但是，行礼、奏乐、射箭、驾车、书写、计算，即礼、乐、射、御、书、数"六艺"之学则是必须学的。在此基础上，再进而学习古代经典，即《诗》《书》《礼》《乐》《易》《春秋》。孔子所说的"吾十有五而志于学"，不仅是一般的学，而且是作为文化载体的经典学习了。

　　大约十九岁前后，孔子娶宋国的亓官氏为妻。婚后一年，生一子，取名鲤，字伯鱼。据说，孔子当时已很有名望，生子后，鲁昭公派人送来一条鲤鱼，这是很高的荣誉，取名为鲤，即由此而来。孔子是讲家庭亲情的，但是在后来的生活、学习中，对待儿子和其他学生都是"一视同仁"的，并没有什么特殊之处。有人怀疑孔子是否对儿子有特殊照顾，去问孔鲤，孔鲤回答说，父亲见了我，只问学诗了没有？"不学诗，无以言"；学礼了没有？"不学礼，无以立"。其他再没有别的了。此人一听，便打消了所有怀疑。孔子既要学习，又要维持生活，因为父母去世之后，他已经没有任何依靠了。母亲在世时，他帮助母亲干活；母亲去世后，他要独立生活。这段时间可能是孔子最困难的时期。但由于他父亲曾经立过战功，"以勇力闻于诸侯"[①]，而孔子本人又很能干，大约在二十岁以前，他便在主持鲁国朝政的季氏手下当了差事，先后当过委吏，即管仓库的小吏，以及乘田，即管理牛羊的小吏。但是，孔子无论干什么，都干得很好。当委吏时，

---

① 胡仔：《孔子编年》。

"会计当而已矣"，即账目计算得清清楚楚，一丝不差；当乘田时，"牛羊茁壮而已矣"①，即牛羊长得肥壮，不断蕃息。做好每一件小事，这是孔子的为人之道。

还有一种生活来源，就是行"相礼"，即人家举行祭祀时当司仪。这就是所谓"儒"。孔子由于博学多能，已成为一位最著名的儒者，并由此而成为儒家学派的创始人。后来他对学生子夏说，"女为君子儒，毋为小人儒"，就是以君子人格为儒者的标准了。

由于孔子很早出名，受到世人的重视，已经有人向他学习了。据《史记》记载，孔子十七岁时，鲁国的大夫孟釐子在病危时，告诫他的儿子孟懿子说："孔丘，圣人之后（指商汤）……吾闻圣人之后，虽不当世，必有达者。今孔丘年少好礼，其达者欤？吾即没，若必师之。"釐子卒，懿子与鲁人南宫敬叔"往学礼焉"②。孔子固然是商汤的后代，但孟釐子主要还是根据孔子"少年好礼"的实际表现才断定他是未来的"达者"，因而告诫儿子去学习。后来，南宫敬叔向鲁君建议，派他跟随孔子"适周"，即到周天子都城洛邑去学习周礼。鲁君派了一乘车，两匹马，一个童仆，"适周问礼，盖见老子云"③。孔子究竟何年"适周"没有固定的说法；是否见过老子，或"问礼于老聃"④，也有争论。但"适周"一事，确有其事，"学礼""观礼""问礼"也

---

① 《孟子·万章下》。
② 《史记·孔子世家》。
③ 同上。
④ 《孔子家语·观周》。

是事实。见老子的事,司马迁虽不是以十分肯定的语气说的,但也很有可能。近人往往强调孔子与老子"道不同",因而怀疑孔子见老子。其实,二人的学说是"同根"的。何况,孔子是无所不学的。看来,这次"问礼"非常重要,大概是在"三十而立"之后,孔子已经成为一名很有名望的教师。据司马迁说,"孔子自周反于鲁,弟子稍益进焉"①。就是说,在这之前,就已经有弟子了,回来之后,弟子更多了。

这也反映了当时的情况。孔子虽然"适周问礼",但礼并不在周,因为周王朝已经"礼崩乐坏"了。孔子之所以"适周",或许是实地调查研究,访问遗老,收集经典,了解周礼的演变。鲁昭公十七年(前525)孔子二十七岁时,郯国(鲁国东南的附庸国)的郯子朝见鲁公,在鲁公的宴会上,鲁大夫昭子向郯子询问少昊氏以鸟名官的事。郯子说,这是我祖先的事,我知道,并作了具体回答。孔子听说后,立刻拜见郯子,请教学习。后来告诉人说:"吾闻之,'天子失官,学在四夷',犹信。"②这一方面说明,孔子之"好学",不放弃任何一次机会,向一切值得学习的人去学,正所谓"学无常师",即不是固定向哪一个人学习。卫国的公孙朝曾问子贡,孔子的学问是从哪里学来的,子贡回答说:"文武之道,未坠于地,在人。贤者识其大者,不贤者识其小者,莫不有文武之道焉。夫子焉不学?而亦何常师之有?"③子贡的回答很能说明孔子学习的实际情况,即处处有师而又

---

① 《史记·孔子世家》。
② 《左传·昭公十七年》。
③ 《论语·子张》。

无常师。"三人行,必有我师焉。"[①]可说是孔子学习经验的自我写照。另一方面说明,"天子失官,学在四夷"正是孔子学习的时代背景,从一定意义上说,"学在四夷"为孔子的学习创造了客观条件,从向郯子"学礼"就证明了这一点。

孔子已经具备了极其丰富的礼乐文化知识,但是,他仍然不放弃一切机会,继续学习,以求融会贯通。这里举一个学琴的故事。《史记·孔子世家》记载,孔子向师襄子(鲁乐官)学鼓琴,十日不进。师襄子说:"可以益矣。"即可以学新曲了。孔子说:"丘已习其曲矣,未得其数也。"即未能领会其技艺。过后,师襄子又说:"已习其数,可以益矣。"孔子说:"丘未得其志也。"即未能领会其精神志趣。过后,师襄子又说:"已习其志,可以益矣。"孔子说:"丘未得其为人也。"即还未能体会其何人所作。过后,忽然抬头远望,深有所思地说:"丘得其为人……非文王其谁能为此也!"师襄子辟席再拜,曰:"师盖云《文王操》也。"孔子从学琴中体会出这琴曲除了文王无人能作,而师襄子从老师那里知道这确实是《文王操》。这说明,孔子不仅学鼓琴,而且连琴曲的作者及其人格风范都能体会出来,这就决不是一般的学习技巧了。此事虽有些夸张,但确实能反映出孔子学习的精神。

---

① 《论语·述而》。

四、收徒讲学

孔子经过勤奋学习和考察，又有丰富的实践经验，到了"三十而立"的年龄，已经掌握了系统的知识，熟悉"六艺"并精通"六经"（"六经"之名出于汉代，但"六经"之实早已存在）并建立了自己的学说。在当时"学术下移"的情况下，孔子便成为我国历史上第一位伟大的私人教师。

前边说过，孔子二十岁前后，就已经收徒讲学了，从周返鲁后，弟子又大大增加。在这期间，可以想见，不断有人向孔子求教，而孔子并不收取学费，只要有"束脩"，即送一束干肉，都可以收为弟子。孔子讲学，以"六艺"为教，没有固定的教材，主要是以问答的方式传播知识和他的思想，一问一答，教学相长，灵活多样。其最初的目的是将他们培育成儒者。"儒"本来是执行"相礼"的人，谁家死了人，举行丧葬仪式，需要"相礼"的人，这些人必须懂得礼的许多规定和仪式。孔子本人就是这样的一位"儒者"。但是，孔子又有一套学说，教的学生多了，便形成一个学派，成为"儒家"，其真正目的是将他们培养成为"君子"。于是儒家就成为以孔子为代表的整个学派的名称了。

这时，鲁国政局很乱，内部发生了矛盾。执政的季氏（平子）与另一个贵族郈昭伯家因斗鸡而发生矛盾，演变成公室与季氏两大集团之间的斗争。鲁昭公联合郈氏和另一贵族臧昭伯,出兵围困季平子。而三桓中的另外两家,叔孙氏和孟孙氏则支持季氏,结果杀死郈昭伯,鲁昭公大败,逃到齐国。

就在这种内乱之中,孔子离开鲁国,到了齐国,时年三十五岁。在齐国期间,据记载,"为高昭子家臣,欲以通乎景公"①。为什么要"通乎景公"?是否与当时鲁国的政治斗争有关?或是在齐国谋得一个职位?不得而知。但是,孔子当时已经是一位著名的思想家,已引起齐国的重视。齐景公曾两次向孔子"问政",如何治理国家。第一次"问政",孔子回答说:"君君,臣臣,父父,子子。"齐景公听后说:"善哉!信如君不君,臣不臣,父不父,子不子,虽有粟,吾岂得而食诸!"②孔子的回答就是他的"正名"之说。前一个"君"字是实际的君,后一个"君"字是"名",代表君所应当遵守的原则即"君道"。实际的君应当遵守君所应当遵守的原则即"君道",这就是"君君"。"臣臣""父父""子子"也是如此。齐景公认为孔子讲得很好,如果君不遵守君道,臣不遵守臣道,父与子都不遵守各自之道,君臣父子之间的关系就会大乱,即便是有粮食,还能吃上吗?有注者说,当时齐国的政权由陈恒控制,君不君,臣不臣,因此,孔子做出了这样的回答。③ 其实,鲁国也是如此。从当时的现实而言,孔子的回答具有一定的普遍性。"正名"已成为他的政治主张。孔子是主张以维护

---

① 《史记·孔子世家》。
② 同上。
③ 孔安国:《论语集解》。

"名"所代表的"道"来维持社会政治和家庭关系的,而"道"是现成的,并不需要制定"契约"一类的东西。此后,齐景公又一次问政于孔子,这次孔子的回答是,"政在节财"①,即节约财政,杜绝奢靡。齐景公很高兴,打算收尼谿的土地封给孔子,但政治家晏婴向景公进谏说,"夫儒者滑稽而不可轨法",并不能达到"移齐俗"的目的。从此以后,齐景公虽能够尊敬地见孔子,却不再问礼了,并且对孔子说,像对待上卿季氏那样待你,我做不到,结果以"季孟之间"待之。这时,齐国又有人想加害孔子,孔子已经知道了,而齐景公则说:"吾老矣,弗能用也。"孔子于是返回鲁国,时年三十七岁。孔子在齐共两年。

鲁国不仅是"季氏僭于公室",而且是"陪臣执国命"。季氏家臣阳虎专横跋扈,与季氏发生了矛盾。鲁定公五年(前505)季平子死后,阳虎将其嗣立者季桓子囚禁起来,胁迫定盟后才释放。② 阳虎曾经奚落过孔子,但这时孔子已经很有名望,他又想见孔子,却又多次被拒绝。按照当时的礼俗,大夫赠送礼物给士,如果士不在家亲受,就要到大夫家亲自拜谢。阳虎乘孔子不在家时送去一只蒸熟的小猪,等孔子来拜谢。而孔子也是打听到阳虎不在家时前去道谢,在途中相遇。阳虎便对孔子说:"来,予与尔言。怀其宝而迷其邦,可谓仁乎?曰:不可。好从事而亟失时,可谓知乎?曰:不可。日月逝

---

① 孔安国:《论语集解》。
② 《左传·定公五年》。

矣,岁不我与!"①意思是,身怀德才而听任国家迷茫,不算是仁;喜欢从政而失去机会,不算是知。岁月流逝了,时机不再来,还是出任吧!孔子答应说:"诺,吾将仕矣。"但是鲁国乱象丛生,孔子没有真的出仕。"故孔子不仕,退而修诗书礼乐,弟子弥众,至自远方,莫不受业焉。"②这时孔子已经过了"四十而不惑"之年,思想已经成熟,便集中精力学习诗、书、礼、乐,收徒讲学。弟子越来越多,从四面八方而来,接受孔子的教诲。这样看来,从三十岁开始到五十岁左右从政,除了在齐国两年,近二十年时间,孔子主要是从事教育活动。这是孔子一生中最重要的时期,也是孔子对中国的文化思想和教育事业作出伟大贡献的时期。孔子的博学多能,已经影响到各诸侯国。鲁定公五年,季桓子穿井,得土罐,其中有羊,为了测试孔子,问孔子说"得狗"。孔子说:"以丘所闻,羊也。丘闻之,木石之怪夔、罔阆,水之怪龙、罔象,土之怪坟羊。"③这实际上是地质学方面的知识,很可能是地下实物或化石。吴越战争,吴国侵占会稽,得"骨节专车",派人请教孔子。孔子作了详细解答,能够说出古代的人,哪个氏族身材最短,哪个氏族身材最长,而且说明"骨节专车"(即一个骨节就能有车那么长)的人就是防风氏。这实际上是人类学考古学的问题。

但孔子并不以"博学多识"为能,他自称其学是"一以贯之",他

---

① 《论语·阳货》。
② 《史记·孔子世家》。
③ 同上。

的学说的中心内容是关于仁与礼以及天道、天命之说。关于这方面的内容,以后还要专门讨论。这里只想说明,孔子教学生,并不是以教会专门知识为目的,而是使他们掌握"一贯"之道,成为真正的"君子"。正如他对学生子贡所说:"赐!女以予为多学而识之者与?……非也,予一以贯之。"[①]但是,不可否认的是,博学多识正是"一贯"的基础,因此,他一生都很强调学。

五、从政仕鲁

如果说,孔子的父亲叔梁纥是一位有名的武士,那么,孔子就是一位最著名的文士。政治地位并不高,但他创立了儒家学派,成为一名很有影响的思想家和教育家。就他的个人愿望而言,他是很想从事政治以施展其抱负的,但是,没有机会。他也不以从政为唯一目的。

有两件事可以说明这一点。

一是想应公山弗扰之召。《论语·阳货》记载说:"公山弗扰以费畔。召,子欲往。子路不说(悦),曰:'末之也已,何必公山氏之之也?'子曰:'夫召我者,而岂徒哉!如有用我者,吾其为东周乎!'"费是季氏邑,公山弗扰当是邑宰,欲畔而召孔子,孔子想去。但子路反

---

① 《论语·卫灵公》。

对,何必投奔这样的人呢?孔子说出了他的想法,如果有人用我,我要在东方复兴周朝的事业,就是说,他去并不是小打小闹,而是要干一番大事。但他终于没有去。

二是想应佛肸之召。① 记载:"佛肸召,子欲往。子路曰:'昔者由也闻诸夫子曰:"亲于其身为不善者,君子不入也。"佛肸以中牟畔,子之往也,如之何?'子曰:'然,有是言也。不曰坚乎,磨而不磷;不曰白乎,涅而不缁。吾岂匏瓜也哉?焉能系而不食?'"中牟是晋国的地方,佛肸想在这里反抗赵简子(晋国执政者),既召孔子,孔子也想去。但子路同样反对,而且举出孔子说过的话,即亲身行不善的人,君子不去。孔子又说出一番道理,坚硬的东西是磨不薄的,洁白的东西是染不黑的,我难道是葫芦,挂在那里不能食用吗?这里所说的"食",不是说我要吃饭,而是说我要对社会有用。但是,他同样没有去。

这两件事,只能说明孔子想实现政治抱负,并不能说明别的。至于为什么没有去,大概子路所说的理由他是认可的。但是后来,他却在鲁国做了四年的官。

鲁定公九年(前501),孔子五十一岁时,被任命为中都宰,相当于后来的县长。据说,干了不到一年,做出了政绩,"四方皆则之"②,周边地区都仿效他。据《孔子家语》记载,孔子对长幼、强弱、男女之

---

① 《论语·阳货》。
② 《史记·孔子世家》。

间,从工作任务到生活礼俗都做出了规定;对养生送死之事也有明确规定,实现了"路不拾遗,器不雕伪"①的景象,人民的道德水准有很大提高,大家过着安居乐业的生活而不追求华丽。"路不拾遗"表现了人与人之间的和谐,"器不雕伪"表现了人与自然的和谐。这应是孔子治理中都的最大功绩,是符合孔子思想的。

此后,孔子被提升为司空,即管理鲁国山川水土一类的官。《孔子家语》说:"定公以为司空,乃别五土之性,而物各得其生之宜,咸得其所。"②这里的话并不多,但是说明了孔子能够根据不同的地形地势和土地性质,发展各种不同生物和作物。根据生物多样性的原理,不同生物需要在不同环境下生长、发育,不能任意改变和破坏。这不仅需要经验和科学知识,而且需要真正的生命关怀和人文关怀,使物"各得其宜","咸得其所",使生物各自有其适宜的生存环境,都能得到均衡的发展。这正是古代的生态学,是符合孔子思想的。

鲁定公十年,孔子做了鲁国的大司寇,相当于后来的司法部长。这是孔子从政以来最高的官职,时间也最长,共做了三年左右。孔子刚刚上任不久,为工作的事,经常去见执政者季桓子。桓子不悦,他还是去见。学生宰予说:先生这样做,怕不合适吧! 孔子说:"然。鲁国以众相凌,以兵相暴之日久矣,而有司不治,则将乱也,其聘我

①　《孔子家语·相鲁》。
②　同上。

者,孰大于是哉!"①这是工作负责任的态度,因此,不以其"不悦"而不去见。至于政见如何,是另一个问题。

司寇是管狱讼的,孔子断案时,能够征求各方面人的意见,然后做出裁决,这样就能避免主观武断,与他提倡的"绝四"(无意、无必、无固、无我)精神是一致的。"孔子为鲁司寇,断狱讼。皆进众议者而问之曰:'子以为奚若? 某以为何若?'皆曰云云。如是,然后夫子曰:'当从某子几是。'"②当时并没有详细的民事、刑事诉讼法的条文,有何刑律规定,现在也已无从知道,但是,应当有一些基本原则,到具体判案时,就需要在基本事实的基础上听取"众议",选择其中合理的意见,最后做出裁决。这是很有民主精神的。孔子说过:"听讼,吾犹人也,必也使无讼乎!"③就是说,办理诉讼案件,我同别人差不多,但是一定要做到没有诉讼才好。"无讼"是他的理想,但是要做到"无讼",就不仅仅是司寇的事情,而是整个社会治理的事情。所谓"吾犹人也",是同"无讼"的理想状态比较而言的,大凡听讼都有一些基本的程式,但孔子尊重并听取"众议"的做法,确实具有民主精神。在当时,并不是所有的诉讼都像孔子这样去处理的。比如孔子的学生子路,就能果断地作出判断。果则果矣,但未免有武断之嫌。孔子在评论子路时指出了这一点。

周敬王二十年(鲁定公十年,前 500)的夏天,齐、鲁之间有一次

---

① 《孔子家语·子路初见》。
② 《孔子家语·好生》。
③ 《论语·颜渊》。

大的盟会,史称"夹谷之会"。孔子以大司寇的身份"摄相事",担任司仪。齐国想借此机会,显示力量,使鲁国臣服。在十分危急的情况下,孔子显示了他的智慧和勇气,为鲁国争得了荣誉和地位,立了大功。盟会的礼仪刚刚过后,齐国便"奏四方之乐",各种武器"鼓噪而至"。孔子立刻登上台阶,举袂而言曰:"吾两君为好会,夷狄之乐何为于此!"请命有司将其撤去。齐景公心里不安,挥而去之。过了一会儿,齐国又"奏宫中之乐",结果是优倡侏儒"为戏而前"。孔子又立刻登上台阶,说:"匹夫而营惑诸侯者罪当诛!"请命有司加以处治。结果齐国当场处理了这些乐舞者。此举使齐国君臣为之胆寒,回国后将其侵占鲁国的土地郓、汶阳、龟阴三地归还鲁国。[①] 这是小国利用盟会之礼战胜大国的一次重大胜利,孔子则是取得这场胜利的关键人物。

　　夹谷之会的胜利,使孔子的威望大为提高,结果"由大司寇行摄相事","与闻国政",即参与国家大事。而此后孔子所做的一件大事就是"堕三都",但是,并没有完全成功。所谓"堕三都",就是拆掉季、孟、叔三家的都邑。当时,鲁国的情况是三桓执掌政权,即所谓"政在大夫";而三家的家臣又执掌三桓的权力,即所谓"陪臣执国命"。孔子想通过摧毁家臣的权力,进而削弱三桓的势力,以张公室,巩固鲁国的政权,于是建议鲁定公将三家都城拆掉,并使子路为季氏宰,执行这个任务。结果,叔孙氏首先拆掉了郈都,季孙氏将要

---

① 《史记·孔子世家》。

拆掉费都时,遭到公山不狃等人的反抗,他们率费人进攻鲁城曲阜,鲁定公与三桓躲进季氏之宫。孔子率领鲁国军队反击,击败了进攻之敌。公山不狃等人逃奔,终于拆了费都。最后拆除孟孙氏的城邑时,其家臣公敛处父建议孟孙氏说:"无城是无孟氏也,我将弗堕。"终于不拆。鲁军围城,未能攻下,以失败告终。

但是,这次"堕三都",倒是使三桓更加惊觉了,而鲁国的政治,并没有改善多少。孔子既不能实现自己的抱负,与统治集团的矛盾也未能消除,工作已经很不顺利,终于离开了鲁国。其直接原因是,齐国从全国选拔了八十名美女,组成大型乐队,又选骏马三十驷(即一百二十匹),送给鲁国。表面上是为了两国修好,实际上是为了瓦解鲁国君臣的意志,以逼走孔子。季桓子带着鲁定公天天去观看歌舞,"怠于政事"。这时,子路也已失去季氏的信任,看到这种情况,劝老师说:"夫子可以行矣。"孔子还想再观察观察,说:鲁国将要举行郊祀,按照通常的惯例,郊祀之后要将祭肉送给大夫,如果能够送祭肉给大夫,我就可以不走。但结果是,"桓子卒受齐女乐,三日不听政;郊,又不致膰俎于大夫。孔子遂行"①。季桓子既接受了齐国的女乐队,又不送祭肉给大夫,孔子认为,已不可为矣,于是匆匆离开鲁国,开始了列国之行。

---

① 《史记·孔子世家》。

六、周游列国

根据学者考证,孔子这次周游列国,从鲁定公十三年(前 497)到鲁哀公十一年(前 484),共十四年①,即五十四岁到六十八岁之间。所到的国家,有卫、陈、曹、宋、郑、蔡等国,停留最多的是卫、陈两国。

孔子弃官出走的原因,如前所说;孔子周游列国的目的,有人认为,主要是"求仕",讲学只是附带的事情。② 其实,根据当时的情况,孔子弃官之后,再留在鲁国未必是最好的选择。即便是留下来继续讲学,也会受到很多干扰。因此子路说,"夫子可以行矣"。所谓"行",就是出走,离开鲁国。正好子路的妻兄颜浊邹在卫国,是有名的贤大夫,孔子所到的国家,第一个就是卫国,而且住在颜浊邹家。春秋时期,各国之间是可以自由行走的,不像后来的国家,关防重重。何况,"鲁卫之政,兄弟也"③,两国不仅都是周文王的后代,而且政治状况也很相近。

从当时的客观环境和条件讲,如上述;从孔子的主观愿望和目的讲,"求仕"可能是目的之一,但未必是最主要的或唯一的目的。

---

① 钱穆:《先秦诸子系年考辨》,上海:商务印书馆 1935 年版,第 46 页。
② 匡亚明:《孔子评传》,第 79 页。
③ 《论语·子路》。

孔子出游的一个重要目的可能是考察各国的情况,以便"行道",并继续完善自己的学说。一边"行道",一边"求道",这是孔子的终生事业。这时,孔子已经过了"五十而知天命"之年,"知天命"是一个关键性的阶段。经过几年的从政,积累了更多的经验,体会到"行道"之艰难。但是,他仍要宣传他的学说,探求"行道"的途径,并且要获得精神上的更大自由,实现人生的自由境界。道之行与不行,他已经寄之于"命"了。早在"堕三都"之后不久,就有人在季桓子面前说子路的坏话,预示着孔子的未来处境。"公伯寮愬子路于季孙。子服景伯以告,曰:'夫子(指季孙即桓子)固有惑志于公伯寮,吾力犹能肆诸市朝。'子曰:'道之将行也与,命也;道之将废也与,命也。公伯寮其如命何?'"①公伯寮在季桓子面前说了子路的坏话,而子服景伯(鲁大夫子服何)告诉了孔子,并说他有办法使季桓子杀公伯寮以示众,孔子却说,道之行与不行,都是命运决定的,公伯寮难道能改变命运吗?那么,换一个环境怎样呢?可以试一试。但是,"知天命"之"命"与命运之"命"是不是同一个"命"呢?我们以后还会讨论这个问题。有一点是肯定的,"知天命"是为了实现"从心所欲不逾矩"的自由境界,关系到德性修养的问题,即便是"道之不行",也要"知其不可而为之",只要做到我所应当做的,就是尽了人生的义务。正如后来在"游说"过程中遇到挫折,有人问子路说,你老师的那一套根本行不通,而子路却说,我们只是做我们应当做的,至于行不

---

① 《论语·宪问》。

通，"已知之矣"，即早已知道了。从这个意义上说，孔子的周游列国，就不只是"求仕"所能解释的了。他在最危难的情况下，还能在大树之下"弦歌"，就是一种精神上的追求，不能仅仅说成是"无可奈何"。当他们吃不上饭的时候，有的学生也有怨言，说君子也有穷困的时候，孔子则教导他们："君子固穷，小人穷斯滥矣。"①正是经历过这些磨难之后，孔子才说出"从心所欲不逾矩"。因为他已经真正知道"天命"了。这里的"天命"就是"天道性命"之命，已经超越了命运。

孔子很仓促地带着几十名学生出行，先到卫国，受到卫灵公的礼遇，给他很丰厚的俸禄，相当于鲁国大司寇的"奉粟六万"（小斗）。但是，并没有给他任何职务，也没有请他参与政事。卫灵公只是借孔子以炫耀自己，甚至与夫人南子乘车，让孔子为次乘而"招摇过市"。关于"子见南子"，《史记·孔子世家》记载："（卫）灵公夫人有南子者，使人谓孔子曰：'四方之君子，不辱欲与寡君为兄弟者，必见寡小君，寡小君愿见。'孔子辞谢，不得已而见之。"《论语·雍也》说："子见南子，子路不说。夫子矢之曰：'予所否者，天厌之，天厌之！'"由于南子把持朝政，作风又不好，因此，子见南子之事，连学生子路也不高兴，孔子只能发誓说，如果我有什么不对，天惩罚我！天惩罚我！这些生动的记载，反映出师生之间像常人一样平等相处的情景。

---

① 《论语·卫灵公》。

孔子是主张"德政"的,他很想通过卫国实行"德政",但是,卫灵公对此并无兴趣,倒是向他请教如何用兵打仗的事。结果,孔子离开了卫国。"卫灵公问陈于孔子。孔子对曰:'俎豆之事,则尝闻之矣;军旅之事,未之学也。'明日遂行。"①这次离开卫国打算到陈国去,在经过匡这个地方时,又被匡人拘禁。因为匡人曾受到过阳虎的侵暴,而孔子长得很像阳虎,匡人误以之为阳虎而拘之。《论语》中所记"子畏于匡"②,即指此而言。但五天之后,误会消除,又释放了孔子。孔子又返回卫国,住在贤大夫蘧伯玉家,直到卫灵公死,因卫国内乱而到陈国。

鲁哀公二年(前493),孔子五十九岁,前往陈国,经过宋国时,习礼大树下。宋国司马桓魋想杀害孔子,将大树拔掉,孔子说了句"天生德于予,桓魋其如予何"③,微服而过,躲过危险。路过郑国时,弟子失散,孔子站在城郭的东门外,有一个郑国人对子贡说:"东门有人,其颡似尧,其项似皋陶,其肩类子产,然自要以下不及禹三寸,累累若丧家之狗。"子贡回来以实相告,孔子欣然笑曰:"形状,末也。而谓似丧家之狗,然哉!然哉!"④孔子对于形容他像尧等"圣人"的话,并不以为然,但是对于形容他像"丧家之狗",却欣然接受,这种自嘲式的乐观精神,使他与弟子们的距离更近了。

---

① 《论语·卫灵公》。
② 《论语·子罕》。
③ 《论语·述而》。
④ 《史记·孔子世家》。

孔子到了陈国，住在贤人司城贞子家，并享受一定的俸禄，也未参与政事，主要还是学习、教学生。三年之后，鲁哀公六年（前489），他又离陈过蔡，在陈蔡交界的地方，遇到极大的困难，竟然无粮可吃，以至"从者病，莫能兴"①。所谓"陈蔡绝粮"就是这时的事。但孔子仍然"讲颂弦歌不衰"②，有的弟子本来有些怨言，但是在孔子的带领和教诲之下，共同渡过了难关，并且受到极大鼓舞。在行途中，孔子与楚国的叶公（名诸梁）会面。叶公问政，孔子答以"政在来远附迩"③，即使远方的人归来，使近处的人更加亲近。这本是儒家"德治"学说的基本内容。事后，叶公问子路，孔子是什么人，子路不回答，回来后告诉孔子。孔子说："女奚不曰，其为人也，发愤忘食，乐以忘忧，不知老之将至云尔。"④这说明，孔子即使在极端困难的情况下，仍不忘学习、实践、演练，真是"活到老，学到老"。学而能"乐以忘忧"，老而"不知老之将至"，这种精神正是孔子一生的写照，也是教育学生的最好方式。

鲁哀公七年（前488）孔子六十四岁时，又到卫国。这时，卫灵公已死，太子蒯聩因不满其母，谋杀未成而逃亡在外（晋国），由卫灵公之孙出公辄继位。就在返回卫国的路上，孔子正式提出了他的"正名"学说。"子路曰：'卫君待子而为政，子将奚先？'子曰：'必也

---

① 《论语·卫灵公》。
② 《史记·孔子世家》。
③ 同上。
④ 《论语·述而》。

正名乎!'子路曰:'有是哉,子之迂也!奚其正?'子曰:'野哉,由也!君子于其所不知,盖阙如也。名不正,则言不顺;言不顺,则事不成;事不成,则礼乐不兴;礼乐不兴,则刑罚不中;刑罚不中,则民无所错手足。故君子名之必可言也,言之必可行也。君子于其言,无所苟而已矣。'"①这是孔子很重要的一个政治主张,是针对卫国的现实而发的,同时又有普遍性意义。前面说过,孔子回答齐景公"问政"时,已提出了"君君、臣臣、父父、子子"的主张,实际上就是"正名"的具体应用。这次又从理论上提出"正名"说,推论出一番道理,说明"正名"原则的重要性。所谓"卫君待子而为政"云云,只是一个假设之词,即假言命题,意即"假如卫君请您主持政治,您将以何者为先?"孔子的"正名"主张,并不是只有靠自己执政才去实行,他本人从政与否,并不重要。无论谁主政,只要按照这个原则去做,就必然成功。这才是孔子的真实想法。

所谓"正名",又是什么意思呢?有人说,这是孔子的逻辑学,是解决名实关系问题的。如果说,这里有逻辑问题,那么,这是一种应用逻辑、政治逻辑,不是一般的所谓纯粹逻辑。在孔子看来,关键是"名"的问题,只要"名"的问题解决了,"实"的问题就好解决了。有人认为,"名"即名分,"正名"即"纠正名分上的用词不当"②,又有人认为,"正名"是"端正名分"③。这两种解释的分歧在"正"字上,不在

"名"字上。其实，"纠正"和"端正"是同一件事的两个方面。二者的共同点是将"名"字解释成"名分"。所谓"名分"，是指"名"所代表的社会身份和地位，这当然很重要；但是，孔子所说，主要是指"名"所代表的职责和义务，即所谓"道"。君要尽"君道"，臣要尽"臣道"，父要尽"父道"，子要尽"子道"，这才是最重要的。具体就卫国的情况而言，蒯聩与辄父子二人谁为君，孔子并没有发表意见，也没有这方面的暗示，但是，不管何者为君，尽君道才是最重要的，也是孔子最关心的。如果君不能尽君道，那就一切都无从谈起了，因为会产生一系列的后果。这与其说是针对卫出公（辄），毋宁说是根据卫灵公时候的经验而发的议论。总之，"名"所代表的"道"是必须通过言说体现的，而言说是必须要实行的。这就是"言"之所以"无所苟"的意义所在。

孔子在卫国又一次受到很高的礼遇，但同样没有实际职位。应当说，他的主要精力仍然是从事教学与学术活动。这期间，有的弟子已经回国，有的从政，冉有则做了季康子的宰臣，并且在齐鲁之间的一次战争中立了战功。早在季桓子执政之时，就曾表示要请孔子回国，季康子继任后，冉有又建议季康子将孔子请回。季康子派人以厚礼相聘，孔子终于在鲁哀公十一年（前 484）回到鲁国。时年六十八岁。

七、晚年生活

回到鲁国后,孔子受到优厚的待遇,但是,并没有被委以重任,孔子也不求任。"然鲁终不能用孔子,孔子亦不求仕。"①除了继续从事教育,同时又集中精力整理文献。晚年时的孔子,已经过了"六十而耳顺"之年,到了"七十而从心所欲,不逾矩"的境界。所谓"耳顺",就是经过一番周游之后,经历了人生的种种考验,能够适应任何环境,听得进任何声音,能够进行分析而不感到惊异。所谓"从心所欲不逾矩",就是领会了人生的真谛,贯通了天人之道,获得了精神自由,做到了"求仁而得仁",随心之所至而不逾越宇宙法则。只有心与天道合一,才能"从心所欲不逾矩"。这是人生的最高境界。孔子勤奋一生,只是到了晚年,才认为自己达到了这个境界。富与贵,早已不足论了;"道"之行与不行,也已经付之于"命"了。但是,只有一件,至死不能放弃,这就是完成天所赋予的神圣使命,完成人格,传承文化,教育后生。这才是他一生为之追求,且行之久远的事情。因此,他始终保持着"学而不倦"的精神,以"发奋忘食,乐以忘忧,不知老之将至"为最大的快乐,也以此来勉励学生。

孔子晚年,虽然不问国事,但是经常有人咨询、请教。比如季康

---

① 《史记·孔子世家》。

子要实行"田赋",便派冉求向他征求意见。孔子说,我不知道。连问三次,仍不答。冉求说:"子为国老,待子而行,若之何子之不言也?"孔子终不以"国老"顾问的身份回答,而是私下对冉求说:"君子之行也,度于礼,施取其厚,事举其中,敛从其薄。如是,则以丘亦足矣。若不度于礼,而贪冒无厌,则虽以田赋,将又不足。"①关于"丘赋"与"田赋"的问题,一直有争论。有一种解释认为,"丘赋"属井田制,十六井为一丘,每丘各出军赋若干(杜预认为是马一匹,牛三头);"田赋"则是只按土地多少征赋,但实际上增加了收入。详细情形不必讨论,在这个问题上,孔子提出了他的原则:"施取其厚",即施于民要丰厚;"事举其中",即办事无过无不及而取中;"敛取其薄",即取于民要少。厚施而薄敛于民,这是孔子的一贯主张,对于季氏的厚取于民,他一直是持批评态度的。在讨论这个问题时,孔子还提出一个原则,就是按周公之礼办事。"且子季孙若欲行而法,则周之典在;若欲苟而行,又何妨焉!"②就是说,季氏若要实行什么政令("法"),周公的典籍就在那里;若要另外实行一套,又何必问我呢?以"复古"相标榜,这也是孔子和儒家的一贯做法,他的理想社会,就是古代圣人治理下的社会。但这是不是完全回到古代社会,则是另一个问题了。比如他提出的三条原则,显然是针对当时社会的,他曾在各种场合下直接间接地批评季氏的"厚敛"③,其依据则是

---

① 《左传·哀公十一年》。

② 同上。

③ 见于《论语》。

古代圣人。孔子是推崇并维护"周礼"的,但"周礼"究竟是什么样子,已经很难说了。孔子虽然读过很多典籍并进行过许多考察,一生以恢复"周礼"为职志,但是,照这里所说,则只取其基本原则和精神而已,并且赋予了某种理想化的成分。因为经过几百年之后,特别是春秋大变革之后,"周礼"的具体制度已经不复存在了。"丘赋"与"田赋"的区别,在孔子心目中只代表"薄敛"与"厚敛"之不同。这就是孔子的"复古"。

这次讨论,不知冉丘是如何告诉季氏的,但事实是,季氏并没有按照孔子的原则办事,而是在第二年的开始(鲁哀公十二年"春王正月")终于"用田赋"。孔子认为,冉求帮助季氏实行厚敛,所以不能容忍。"季氏富于周公,而求也为之聚敛而附益之。子曰:'非吾徒也!小子鸣鼓而攻之,可也!'"①这是孔子对学生最严厉的一次批评,竟然主张其他学生敲锣打鼓地去讨伐冉求。但是,政见的不同并没有妨碍他们师生之间的关系。孔子的教育分四科,弟子三千,大贤七十二人,而冉求被归入四科中的政事科,成为最有成就的十大弟子("十哲")之一,就是最好的证明。

但是,在晚年生活中,有一件事是孔子亲自找鲁君的。这就是请鲁君讨伐齐国陈成子。鲁哀公十四年(前481),"陈成子弑简公。孔子沐浴而朝,告于哀公曰:'陈恒弑其君,请讨之。'公曰:'告夫三子。'孔子曰:'以吾从大夫之后,不敢不告也。君曰,告夫三子!'之

---

① 《论语·先进》。

三子告,不可。孔子曰:'以吾从大夫之后,不敢不告也!'"①春秋时期,臣杀其君者多矣。陈恒是齐国的执政者,在一次内乱中杀了齐简公,这事发生在孔子生前,在《春秋》三世中,属于"所见世"。孔子认为,陈恒杀君,就是"犯上作乱"。由于他忝居大夫之位,所以很隆重地报告鲁君,"请讨之"。但鲁君不能做主,让他请示三桓即季孙、叔孙、孟孙,而三桓却"不可",即不答应。陈恒在齐国的地位相当于季氏在鲁国的地位,当然不会同意,孔子也知道不会答应,但他还是这样做了。因为"以吾从大夫之后,不敢不告也",即尽到做大夫的责任罢了。这说明,孔子对于"礼崩乐坏"的现实是非常不满的,但又是无能为力的。孔子主张通过"损益"即改革的办法实现理想的"德政",而不主张用流血的方式获得权力,从这件事即可得到证明。

孔子一生从事教学,培养出大量人才,师生之间建立了深厚的感情。有些学生先于他而去世,曾引起孔子的极大悲痛,从中可以看出师生感情之深厚。子路尚勇,经常跟随孔子,保护孔子,能够坦诚地向孔子提问并表明自己的态度,性格耿直,非常可爱。孔子对子路多有批评,但又十分厚爱。鲁哀公十五年(前480),即孔子去世的前一年,子路做卫国执政者孔悝的家臣,逃亡在外的卫国太子蒯聩发动政变,攻进卫国都城,逐出出公辄,孔悝被围,子路冲进宫去救孔悝,被砍断冠缨(帽带),子路临危不惧,说:"君子死,冠不

① 《论语·宪问》,《左传·哀公十四年》亦有记载。

免。"将冠缨系好,结果被砍成肉酱。这就是史书所说的"结缨而死"①。孔子早年说过,子路勇敢过人,承诺的事一定会完成,但很可能遇险而"不得其死",果然不出所料。事情发生后孔子十分悲痛。

颜渊是孔子最得意的学生,小孔子三十岁,于鲁哀公十四年(前481),孔子七十一岁时死去。孔子悲痛万分,叹息说:"噫!天丧予!天丧予!"②跟随的学生们看见老师这个样子,便说,先生哭得太悲痛了!孔子说:"有恸乎?非夫人之为恸而谁为?"③他对颜渊的评价是"好学""不迁怒,不二过""其心三月不违仁""居陋巷,人不堪其忧,回也不改其乐"。鲁哀公和季康子都问过孔子,弟子中谁最好学,孔子无例外地回答说:"有颜回者好学,不幸短命死矣,今也则亡。"④颜渊之贤,弟子们是公认的,而颜渊之死,孔子最伤痛。因此,弟子们想厚葬,连颜渊的父亲也要求孔子用旧车子的木材给儿子作棺材的外椁,但孔子都没有答应,因为这样做不合于"礼"。但门人还是厚葬了颜渊。孔子于是说:"回也视予犹父也,予不得视犹子也。非我也,夫二三子也。"⑤孔子这里所说,有两层涵义,一是说明师生之亲近犹如父子,二是正因为如此,故不能厚葬。但是,他又不能阻止弟子们的行为,因为厚葬虽不合于礼,但他们都是出于对孔子的尊敬、

---

① 《左传·哀公十五年》。
② 《论语·先进》。
③ 同上。
④ 《论语·先进》,《雍也》记录更详。
⑤ 《论语·先进》。

对同门弟子的怀念。

在颜渊、子路去世之前,孔子的妻子亓官氏和儿子孔鲤就已经先后去世了。妻子去世于孔子自卫返鲁的前一年,即鲁哀公十年(前485)[①],儿子去世于鲁哀公十三年(前482)。因此,孔子的晚年很凄惨。子路死后的第二年即鲁哀公十六年(前479),孔子病了。他自知将不久于人世,于是唱出了最后的心声。"孔子蚤作,负手曳杖,逍遥于门,歌曰:'泰山其颓乎! 梁木其坏乎! 哲人其萎乎!'既歌而入,当户而坐。……盖寝疾七日而没。"[②]孔子去世的具体时间,据《左传》记载,"哀公十六年夏四月己丑,孔子卒",即公元前479年夏历二月十一日,享年七十三岁。

孔子去世后,葬于曲阜城北的泗水旁,弟子服丧三年。子贡则筑茅舍于旁,服丧六年。后世为了纪念孔子,将这里称为"孔里";而将孔子生前居住、讲学的地方改称"孔庙",世世香火不绝;孔子的后代,则另择居处,即现在的"孔府"。

---

① 胡仔:《孔子编年》。
② 《礼记·檀弓》。

天人之学

　　中国的天人之学是中国哲学之成为哲学的最基本的问题,即
"原问题"。孔子是这一学说的开创者之一。但孔子的天人之学是
宗教学说,还是人文主义?这是近年来哲学与文化讨论中经常提出
而又"语焉不详"的一个问题。我认为,应当突破人文、宗教、自然之
间的严重对立与界限,摆脱这些近现代"范式"所带给我们的思维方
式,回到原点,重新解读孔子。

一、天的意义

　　《论语》(解读孔子,应以《论语》为主要文本)中,直接讲到天的
地方,有十九条之多(据杨伯峻注)。其中,有些涵义是明确的,有些
涵义并不是很明确;有些涵义是一致的,有些则并不一致,甚至相
反。这就需要作出解释。如果作一些分析,孔子所说的天,大体上
有四种涵义。

第一种涵义是指人格化的"意志之天"。如：

> 获罪于天，无所祷也。①

> 子见南子，子路不说。夫子矢之曰："予所否者，天厌之，天厌之。"②

> 颜渊死。子曰："噫！天丧予，天丧予。"③

> 吾谁欺，欺天乎！④

> 不怨天，不尤人。下学而上达。知我者，其天乎！⑤

第二种涵义是指自然界即"自然之天"。如：

> 子曰："大哉，尧之为君也。巍巍乎，唯天为大，唯尧则之。"⑥

> 子贡曰："夫子之不可及也，犹天之不可阶而升也。"⑦

第三种涵义是指不可改变的命运即"命定之天"。如：

> 子夏曰：商闻之矣，死生有命，富贵在天。⑧

第四种涵义是从价值上说的，即所谓"义理之天"。如：

---

① 《论语·八佾》。
② 《论语·雍也》。
③ 《论语·先进》。
④ 《论语·子罕》。
⑤ 《论语·宪问》。
⑥ 《论语·泰伯》。
⑦ 《论语·子张》。
⑧ 《论语·颜渊》。

子曰:"天生德于予,桓魋其如予何!"①

子畏于匡。曰:"文王既没,文不在兹乎! 天之将丧斯文也,后死者不得与于斯文也;天之未丧斯文也,匡人其如予何!"②

子贡曰:"固天纵之将圣,又多能也。"③

子贡曰:"夫子之文章,可得而闻也;夫子之言性与天道,不可得而闻也。"④

在上述四种涵义中,第一种是西周以来的宗教神学观念,保留在孔子的思想言论中,这是不可否认的。但是,孔子在谈到人格化的天神时,多是涉及日常生活的事,而且已不是西周时期那种威严可畏的神灵,而是具有更多人性的、可以与之亲近的神。天虽然还是神,但已经人性化了。

第二种涵义即自然之天与第一种涵义是直接对立的,这是孔子时代关于天的意义的一个大变革,可谓古代的一次宗教革命。这期间的变革过程不必细述,大体而言,自西周以天代替殷商的上帝起,就开始了某种微妙的变化。《说文》云:"天,颠也,至高无上,从一大。""天"字与头上青天不可分,换句话说,天具有宇宙空间意义,既高且大。神具有宇宙空间意义,这是一个巨大的内在张力或内在矛

① 《论语·述而》。
② 《论语·子罕》。
③ 同上。
④ 《论语·公冶长》。

盾,与周族的早期信仰是否有关,值得研究。随着人类意识的启蒙,到周朝后期,普遍兴起了对天神的怀疑思潮,这在《诗经》中有大量表现。春秋时期终于出现了自然之天、自然之道的学说,如子产的"天道远"、伯阳父的"天地之气"等说。孔子就是这一学说的开创者之一。作为一位转型时期的思想家,在他的学说中存在不同说法并不使人感到奇怪,重要的是,看他提出了哪些新的东西,怎样解决不同观念之间的关系。孔子学说的意义就在这里。孔子学说是改革性的,不是颠覆性的。当他提出天是既高且大的自然界时,天的意义已发生了根本改变,但是仍然保留了某种神圣性,这是最值得注意的(以下还要讨论)。

最重要而且最不明确的是天的第四种涵义。这是孔子关于天的学说的核心所在,最富有创造精神。这也是孔子为什么成为儒家创始人的重要原因之一。"天生德于予"之"天",究竟何义?如果说是指上帝,那么,就是上帝选中了孔子,以孔子为其代理人;但是,孔子从来不承认他是上帝的儿子,也不承认他是"生而知之"的圣人(圣人与上帝之子或选民不同),即不是受命于上帝的特殊的人,而只是一个"好学"的人。他说他和其他人没有任何区别,只是比其他人"好学"。这说明孔子并不是以上帝使者的身份,受命而行使特殊使命的。如果说孔子负有一种历史使命,那是因为他自觉地怀有这样的使命感,而不是因为他接受了上帝的特殊任务。孔子是以"志道""闻道""传道"为己任的,"朝闻道,夕死可矣"①。他所"志"之道,既不是上帝的命令,也不仅仅是人间之道,而是天人合一之道。

有的学者(如余英时)认为,孔子及其儒家是以"人道"代"天道",其所谓道,主要是指人道。还有些学者(如葛瑞汉)认为,孔子对天道的问题并不感兴趣。我以为,问题不是这么简单。如果说,像西方哲人那样探究自然界的构成、结构、机械原理和本体、因果关系等,那么,孔子确实不感兴趣;但是,就其探究自然界的生命意义及其与人的关系而言,孔子及其儒家是人类文化史上最杰出的代表。他的"志于道,据于德,依于仁,游于艺"②之说,正是讲天道与人道关系的。这里所说的"道",决不仅仅是人道。既然天生德于孔子,他所"志"之道,就是天道无疑。由道而德,由德而仁,这不仅是道家老子的思维方式,而且是儒家孔子的思维方式(我认为儒道同源而不只是互补)。道与德相比,更具有根本性,德是道的内在化。"天之未丧斯文也"之说与此相同。只是"文"更具有人文色彩,主要指礼乐文化,其中便包含着由道而来的仁德。

二、"性与天道"之说

子贡说:"夫子之文章,可得而闻也;夫子之言性与天道,不可得

---

① 《论语·里仁》。
② 《论语·述而》。

而闻也。"这是非常重要的一段话,对于解读孔子至关重要,但是历来争论不休。这同解释者所持的见解有关。所谓"不可得闻",究竟是什么意思?是孔子压根儿没有"性与天道"之说,还是子贡"不可得闻"?我们知道,孔子很少直接谈论形而上的问题,但他并不是绝对不谈,只是谈论的方式有所不同。子贡明明说"夫子之言性与天道",这就决不是一个"虚设",即不能从"不可得闻"推出孔子没有言说,问题在如何言说上。孔子谈话的方式,是从"文章"开始的。"文章"是表现于外的文饰、花纹,即人们生活于其中的礼乐文化。"文章"体现了人类的创造,是"人文"之所在。但是,在"文章"之中,却隐含着更深刻、更重要的东西,这就是"性与天道"的问题。但"性与天道"又是不能直接言说的,而是需要"默而识之""下学而上达",即直觉体验。孔子提出"默而识之",决不只是"内部记忆",而是一种"心通默识"式的直觉体验。孔子提出"下学而上达",不是别的,正是通过"文章"而上达于"性与天道"。孔子提出"吾道一以贯之",不只是以"忠恕"贯通人与己,而是贯通天人。

孔子两次谈到"一以贯之"。一次是对曾子说的,一次是对子贡说的。对曾子所说,只一句话,"参乎!吾道一以贯之"[1]。曾子理解为"忠恕而已"。对子贡所说,则明确提出"赐也,女以予为多学而识之者与?"这个问题,然后回答说:"非也,予一以贯之。"[2]这显然是针

---

① 《论语·里仁》。
② 《论语·卫灵公》。

对"多学而识"言的。当时子贡没有说话，但是，恰恰是同一个子贡，在另一个地方提出"夫子之言性与天道，不可得而闻"的问题。这决不是巧合。这说明，孔子虽以"好学"而闻名，但决不以"多学而识"为真正目的，即仅仅成为一个博学的人。博学多识是"文章"之事，当然很重要；但是，一定要"一贯"，即上达于天道、天命，这才是终极目的。这也是"学"与"思"的关系问题，二者缺一不可，"上达""一贯"是需要"思"的。通过"文章"而上达于"性与天道"，这正是孔子学说的命脉所在。而这种"思"并不是逻辑思维，是关乎宇宙人生意义之思。因此，在中国并没有发展出西方式的形而上学，但是却有真正的形而上学问题。子贡提出来的问题，是一个根本性的问题，它是以肯定孔子有"性与天道"之说为前提的。就子贡的表述而言，问题不在于孔子有没有"言"，而在于弟子"得闻""不得闻"，就是说，这是一个言说方式的问题。"文章"与"天道"不是决然不同的两个世界，"文章"之中便有"天道"，但又不是"文章"本身。"天道"在"文章"之中而又超乎"文章"，在"下学"之中而又超乎"下学"，因此，言说到不能言说的时候，就要靠"思"去领悟，去体会，从而实现"上达"。这就是"一以贯之"，即贯通天人。从实践上说，解"一贯"为忠恕亦可通，但从终极关切上说，"一贯"的真正涵义是贯通天人。子贡作为孔子的入室弟子，以其聪明才智和对孔子学说的领悟，虽然不及颜子，但对孔子"性与天道"之说一定是心领神会的。他之所以这样说，正是告诉人们，要在孔子的"文章"中体会"性与天道"的道理，而不要停留在"文章"的表面。

从这些话还可以证明,孔子所说的"天生德于予",并不是一个特殊命题,而是一个普遍命题,即人人都有天赋之德,看他能不能实现。这当然需要学习与实践。从一定意义上说,要实现德性,全靠学习与实践。这正是孔子之为孔子者。

那么,"性与天道"又是说什么的呢? 是上帝的命令或律令,还是自然规律,或是别的什么? 这是一个至关重要的问题。

其实,孔子还有一句非常重要的话,我没有把它归入上面四种涵义中的任何一种,是因为学界对这句话的争论很大。现在,单独将这句话写出来,作一些相关的解释,有助于解决这个问题。

> 子曰:天何言哉! 四时行焉,百物生焉,天何言哉![1]

对这句话有截然不同的两种解释。一种解释以冯友兰先生为代表,他认为这一命题"含有能言而不言之意"[2],实际上是"无为而治"的意思。否则,这句话便无意义,就如同说石头不言、桌子不言一样,石头、桌子本来就不是能言之物,就不必说石头、桌子不言了。但是,冯先生在后来的《中国哲学史试稿》中作了修改,认为孔子对于天的看法,"标志着有神论到无神论的过渡"[3]。他在晚年的《三松堂自序》中,谈到天地境界时,认为这是讲"人和自然的关系问题"[4]。

---

① 《论语·阳货》。
② 《中国哲学史》第四章、《中国哲学史新编》第二章,《三松堂全集》第 2 卷第 304 页、第 8 卷第 149 页,郑州:河南人民出版社 2000 年版。
③ 《三松堂全集》第 7 卷第 107 页。
④ 《三松堂全集》第 1 卷第 225 页。

另一种解释以郭沫若先生为代表，他认为"孔子心目中的天只是自然，或自然界中的理法"①。因此，孔子是无神论者。

这两种解释都能找到各自的根据（如开头所述），但是照我的解读，孔子的这一命题，既不是"能言而不言"的意志之天，也不是完全不能言说的自然界，而是以"行"与"生"为言说的自然界，这是孔子对天的又一个创造性见解。天是自然界，已如前述；但"天道"何义？以何者为"道"？就不能用今人所谓自然规律之类去解释，而是以"生"为道。"生"者生命及生命创造。今人所谓自然，完全是接受西方哲学文化之后的说法，是指没有生命的、机械论的、还原论的、因果论的、受盲目必然性支配的自然，是人之外并与人相对而存在的那个自然。而孔子所说的天即自然，是有生命的并且不断创造生命的自然，而人的生命存在则是与之息息相关的，不是二元对立的。"万物生焉"之"生"就是生命创造，自然界在其自身运行中不断创造生命，这就是"天道"。这里所说的"生"，不仅指生出人的形体生命，而且指生出人的德性，这就是"天生德于予"的普遍性意义。

生命创造是一个过程，这个过程是无限的，"行"与"生"是自然界的根本功能，以其功能显其存在，这是天的根本特征。天或天道不是实体，而是功能，是过程，天或天道的实在性是由其功能与过程说明的。这就是自然界的"言说"。这一生命创造的过程，有其形而

① 《青铜时代·先秦天道观之进展》，《郭沫若全集》第 1 卷，北京：人民出版社 1982 年版，第 359 页。

上的意义,甚至可以说有某种神性,因为它是生命之源和价值之源,已超出了认识的范围。从这个意义上说,它是全能的。由于天是自然界而不是神,所以不言;但是由于天以"行"与"生"而创造万物,因此"行"与"生"就是它的"言说",自然界是以其无私的生命创造向人们"言说"的。人类不仅应当倾听自然界的言说,而且应当实践其言说。这就是孔子的天人合一之学。郭沫若说出了天是自然界,但是没有说出天的生命创造的意义。冯友兰看到天能言说的意义,但是以上帝之言说为言说。既能言,又为何不言呢? 这是一个吊诡。孟子也有类似的说法,天之命于人,不是"谆谆然命之",而是"以行与事示之"。既然"以行与事示之",就隐含着人格神的某种自我否定。天不能像人一样言说,天的"文章"和"言说"就是生命创造。

那么,自然界的生命创造有没有目的性呢? 这是很自然的问题。凡生命都是有目的性的,这不是超自然的神的目的,也不是人的目的,它是自然界在其生命创造中自身所具有的内在目的,但是却指向人。这是孔子对意志之天的一个根本改造,同时又吸收了其中的宗教性内容,使自然界的生命意义彰显出来。所谓天的道德意义就是建立在这一基点之上的,可称之为"生之目的"。自然界的生命创造是向着完善的方向进行的,而所生之人就是其目的的实现,这就是人的德性。天生德于人,而天以"生"为德。《易·系辞下》所谓"天地之大德曰生",是符合孔子学说的,是对孔子学说的进一步发展。这里似乎有三层涵义,可以分别表述。就其生命创造的自然过程而言,谓之"天道";就其生命创造的价值意义而言,谓之"天德"；就其授予人之目的性而言，谓之"天命"。其实，三者只是从不同功能上说，并无区别，几种用法是可以互换的。这也就是中国哲学概念被认为"含混不清"的一个原因。就孔子本人而言，他直接使用较多的是"天命"（下面还要讨论）。

天道、天命是指向人的，是由人的德性来实现的，至于如何完成德性，则是人自身的事，天并不能保证人人成为道德君子。"性与天道"之说建立了天人合一的基本模式，确立了人与自然之间的价值关系，但就现实人生而言，决定的因素还在于个人的人性修养。这在"性相近也，习相远也"①这一命题中表现得非常清楚。在这个命题中，性是相对于习而言的。性是先天具有、与生俱来的，即来源于天道。但为什么说"相近"而不说"相同"呢？因为这是说明个体差异的，每个人的性，都有个体差异性。这并不排除个体差异之中有共同性，否则就不会说"相近"。人性不同于物性，这就是人之所以为人的共性。问题在于，这个共性究竟是什么？是完全中性的，还是有价值意味的？根据其"性与天道"之说，应当是由道而"生"之德性，亦即仁性。但在个体存在中，它只能是"质朴"的潜能，并不是人性的全部。因此，只能说"性相近"而不能说人人相同。"习相远"正说明后天学习和环境影响之重要。孔子是很重视后天学习的。先天所受之性，并不是"抽象一般"，是具体的，千差万别的，其德性需要在学习实践中培养和完成。从这个意义上说，人性是可以塑造

---

① 《论语·阳货》。

的,习于善则为善,习于恶则为恶。孔子主张"择善而从""里仁为美""毋友不如己者"、非礼勿视、听、言、动,等等,都是强调"习"的。在他看来,内在仁质只有在外部学习中才能培养起来。

三、存在与价值的统一

这里有一个重要的理论问题,即所谓存在与意义、事实与价值的关系问题。在孔子学说中本无这样的问题,但是从今人、特别是从西方哲学的眼光来看,就会提出这个问题。天既然是自然界,天道既然是自然界的生命创造,这就是一个事实存在的问题,何以具有价值意义?在西方哲学特别是分析哲学看来,事实存在是属于客体范畴的,是客观的,其语言表达是陈述句;价值是属于主体范畴的,即属人的、主观的,其语言表达是祈使句。二者完全不同,怎么能够统一呢?西方哲学的这种事实与价值的二元对立,正是建立在人与自然、主体与客体、主观与客观的二元对立之上的。西方哲学认为,人是有"自我意识"的,因此是完全自主的,而自然界只是与人相对而立的存在。只有人才有价值观念,才是价值主体,自然界则只是供人利用、改造和征服的对象,其本身毫无价值可言。如果说有什么价值,那也是就对人是否有利而言的。

但是,在孔子看来,自然界不仅是生命之源,而且是价值之源,人与自然不是二元对立的,而是生命的统一体。更确切地说,人与自然之间的对立是有的,但决不是二元的,其对立是在生命统一体中得到调节的。自然界在生出人的形体生命的同时,即赋予人以德性,但这是一个无限的过程,靠人的创造性活动而实现。这正是"人文"之所在,也是人的主体性之所在。自然界赋予人以自主性,人的主体性决不是靠什么"自我意识",而是源于德性,即生命创造的目的性。从生命目的和过程的意义上说,事实和价值、存在和意义是统一的,主观与客观是统一的,人与自然是统一的。生命整体的各种要素是相互联系的,不是孤立存在的;是动态的,不是静态的;其存在是过程,不是实体;其过程是有方向性、目的性的,不是纯粹机械的、因果论的。就人的主体实现而言,则是真与善的统一。就自然界的存在(过程)而言,是事实问题,但其中有价值意味(目的);就人的存在而言,则是意义与价值的追求,但仍以事实存在为基础。就生命创造而言,天是主体;就生命价值的实现而言,人是主体(德性主体)。在生命整体的流行过程中,人与自然共同构成主体。这就是所谓事实与价值何以能够统一的基础。"子在川上曰:'逝者如斯夫!'"①这是对生命及其意义的感叹,既不是陈述句,也不是祈使句,其中却包含了存在与价值的问题,人的生命和价值就是在对自然的这种感悟中得到了体现。

著名汉学家葛瑞汉意识到这个问题的重要性,以西方哲学为背景,提出了非西方的解释,认为:"孔子以一种似乎是中国传统通常

---

① 《论语·子罕》。

共有的方式回避了西方人的另一种二分法,即事实/价值。……孔子及其后学似乎假定,行为的价值源于智慧的价值。……中国人的假定是,行为始于自然的动机。"①这个看法确实指出了中西哲学之间的一个重要区别。但是他没有进一步说明,何以会有这样的区别。这实际上是过程哲学与实体论、生命哲学与基础主义的区别。

总之,孔子所说的天,是在天人关系中存在的,不是作为人之外的"他者"而存在的。天不仅与人的生死祸福有关,而且与人的生命价值有关。天作为神的宗教涵义,虽然还保留在孔子的言论中,但已经居于次要地位,只占个人生活的一小部分。就人生的重大问题,即"性与天道"的问题而言,孔子则诉之于创造生命的自然之天及其价值含义,由此而说明天的神圣性。天虽然"生"出人的德性,但这只是"质"而无"文"的内在本质,君子人格的完成与社会文明的建立,还要靠人类的创造。这就进入人文的范畴了。

四、关于"知天命"

"知天命"与"畏天命"是孔子天人之学的重要内容,最容易引起人们的误解。由于对孔子所说的天及天命有不同理解,因而对何谓"知天命"、何谓"畏天命"也就有不同的解释。

---

① 〔英〕葛瑞汉:《论道者》,张海晏译,北京:中国社会科学出版社 2003 年版,第 38 页。

孔子在讲述其一生修养的过程时说:"吾十有五而志于学,三十而立,四十而不惑,五十而知天命,六十而耳顺,七十而从心所欲,不逾矩。"①在其整个过程中,"知天命"是最关键的阶段,只有"知天命"之后,才能"耳顺",才能"从心所欲不逾矩",进入自由境界。有人据此认为,孔子学说的核心不是仁学,而是"天命说",因为这中间并无"仁"字。指出"知天命"之重要,完全是正确的;但是,孔子的这段话里虽无"仁"字,而"仁"在其中。如果说,前四十年是一般学习和实践,那么,"五十而知天命"就是"上达"。"上达"者上达于天命。天之"命"(生)于人者为天命,只有到了"五十而知天命"的阶段,才能说真正实现了仁的自觉。这里所说的"知",不是通常所谓知识之知,而是有关"天人之际"的特殊知识,即实现了天人合一的境界。

孔子还说过:"不知命,无以为君子也。"②君子是一种完善的人格,必须具有仁德。具备仁德的君子为何要"知天命"呢?这就必然引出仁与天命的关系问题。我们完全有理由说,"知天命"是为了实现仁德的自觉,有了这种自觉,也就实现了"一以贯之"。这是人生的自我超越,实现了与天道的合一,因此能"耳顺",能"从心所欲不逾矩",实现真正的自由。所谓"耳顺",不仅是能听得进各种人言,而且能听得进天之所"言",即"生"的道理。所谓"矩",就是天道、天命的法则,也是生命的最高法则。

---

① 《论语·为政》。
② 《论语·尧曰》。

有一种看法认为，天命是客观必然性，"知天命"就是认识必然性。但所谓必然性是指自然必然性，还是道德必然性？一般论者似乎很少分析。有人将必然性解释为自然规律，说孔子的"知天命"就是认识自然规律。这很难说明孔子学说的真正意涵。牟宗三先生将其解释为先验的道德必然性，提出"既超越又内在"的道德形上学，以此为"意志自由"的根据。他所说的"知"便是"智的直觉"，是完全理性的。而孔子被说成是道德自律论者。

还有一种看法认为，天命是一种不可改变的命运，即"死生有命"之命。"知天命"就是知道这种不可改变的命运，或命运之不可改变，因而引向"听天由命"的人生态度。这种看法和态度在中国历史上很有影响，养成了中国人的"忍耐"精神，其积极意义是做我应当做的事，至于成败则只能付之天命，其消极意义是无所作为。在《论语》中也有这一类的言论。孔子就说过："道之将行也与，命也！道之将废也与，命也！"①在孔子学说中，这种命定论的思想确实是存在的，但这是不是孔子"知天命"的全部内容甚至最重要内容呢？如果只是这样的命定论，就只能做到"知其不可而为之"。孔子凄凄惶惶，到处奔走，自己也知道他的理想难以实现，但他为什么还要这样做呢？换句话说，为什么有一种历史使命感呢？这才是问题所在。

第三种看法认为，天命就是天的命令，即神的意志，"知天命"就

---

① 《论语·宪问》。

是知道神的意志。但是如前所说,孔子并不认为他是"生而知之"的圣人,也不是传达神的意志的教主。

第四种看法认为,天命是偶然性,"知天命"就是知其偶然性的生存和命运,以建立自己,体认人的价值。[1] 这一看法否定了必然性、命定论和神学观,很有新意,但是将天命看得过于非人化而将人过于主体化了。知其偶然性固然能建立人的主体性,但是天和天命对人生的意义却被彻底否定了,而人对于天和天命的敬意也丝毫没有了。这似乎不符合孔子的学说。

我认为,要解读孔子的"知天命",应当从孔子的天人学说即天人关系这个基本问题入手。如前所说,孔子所说的天,已经基本完成了由人格神到自然界的根本转变,同时又保留其神圣性的意义,将天理解为创造生命的有价值意义的有机自然,其生命创造的价值即表现为向善的目的性,因而成为人的神圣使命,这就是所谓"天命"。因此,"知天命"就是对仁德的根源性的体认,也就是"上达"。"知天命"而"上达"之后,就能自觉领悟人的使命而"以仁为己任"了。

因此,在孔子学说中,命有两重涵义。一是"死生有命"之命以及受制于客观环境的各种机遇而被归结为前定者,即所谓命定论。这是不可知亦不可支配的,但是能够知其不可知。这也许就是孔子

---

① 李泽厚:《论语今读》,合肥:安徽文艺出版社 1998 年版,第 20 页。

所说"知之为知之,不知为不知,是知也"①之一解吧!

另一层涵义是"天道性命"或"性与天道"之命,连接"性"与"天道"的就是"命"。"知天命"就是知这个"命"。命即天道,仁即包含在性中,故知命即所以知仁。仁的自觉是人的自我超越。所谓"自我超越",是指"上达"于天道"生生"之普遍意义,实现天人合一境界。这既是人的主体创造和实践的结果,也是回到原初的根基,即回到真正的精神家园。

所谓仁"包含"在性中,决不是否定"习"的作用,而是指出仁德的普遍性根源,即天道之"生"。宋儒将孔子所说的性解释为"气质之性",有一定道理。按照朱子的解释,"气质之性"并不是纯粹的气质,而是气中之理,即具体的人性。其实,任何人性都是具体的,但其中有普遍性的"人之所以为人"之性。"性"字本来来源于"生"字,性就是生。但是,对"生"的解释各有不同。告子"生之谓性"之说,应当说继承了孔子学说,但他只是从生物性方面理解孔子的性,缺了价值内涵,因而受到孟子的批评。荀子不仅取其纯粹生物性一面,而且说成是恶。孟子则取其生的价值含义而提出"性善论",以"四端"之情即道德情感为人性的心理基础。实际上,孔子的性的学说应当是自然的"存在性"与其价值的"道德性"的具体统一。天道之"生"既是存在意义上的生成,也是价值意义上的向善,但就个体而言,只能是潜在的。从存在上说,有命定之命;从价值上说,有天

---

① 《论语·为政》。

命之命。仁就其实质而言，是"生"的价值意义即善质，但只能存在于个体生命之中。要实现仁德，就需要克服个人的各种限制，培养其善质。这正是人所应当做的。"知天命"则是实现仁德、贯通天人的根本环节。

仁并不是知，但仁依靠知而自觉。因此，孔子说："好仁不好学，其蔽也愚。"①孔子是主张仁知统一的。"知天命"之知，是一种追本溯源式的直觉认识和生命体验，"习"则是一种经验积累和习惯。在经验学习（"下学"）的基础上，实现"默而识之"（后儒解释为"默识而心通"）的直觉体验，就是"上达"，也就是"知天命"，即实现了仁的自觉。

五、关于"畏天命"

孔子一方面主张"知天命"，另一方面又提出"畏天命"，从两个方面讲述了他的天人之学。孔子所说的"畏"是敬畏之义，不是单纯的恐惧，但有恐惧、畏惧的意思。敬畏是一种深沉的宗教情感，"畏天命"体现了一种宗教精神。敬畏必有其所敬畏者。基督教也有敬畏，那是敬畏上帝，而上帝是超自然的。康德也有敬畏，那是敬畏心中的道德律令（还有天上的星空）。唯独孔子的敬畏，直接与自然界

① 《论语·阳货》。

有关,说到底,就是对自然界的敬畏。

天即自然界是最高存在,在自然界之上,并无神的存在。自然界也没有人那样的目的和意志,因此不会下命令。但是,正如孔子所说,自然界虽无目的无意志,却以"生"与"行"为其功能,"生"与"行"就是自然界的言说,也是自然界的目的,它是一种无形的命令,人类应当服从。"生"之目的就其一般意义而言,是生长、养育万物,就其在人而言,则是尊生、爱生、保护一切生命。"生"的功能及"言说"就是天之所以为天者,也是对人类的"命令"。人类应当遵从自然的"生"的秩序和目的,否则,就会受到惩罚。这虽不是上帝的惩罚,却有一种神圣性,不可不"畏"。

说自然界有神性或神圣性,这被认为是自然神论或泛神论。有人认为,孔子保留了原始的自然神论(如罗素)。但孔子并不认为,自然界是由神创造的。孔子也不认为自然界是一个实体,这个实体就是神。在孔子看来,自然界是一个生命整体,也是一个过程,处在生生不息的生命创造之中。自然界与万物的关系是整体与部分的关系,人与万物都是自然界的一部分。作为生命整体,自然界有其超越的层面,天命就是它的超越层面,命定之命是其实然层面。但所谓"超越层面",不是形式化、逻辑化的理念世界,更不是绝对超越的精神实体即上帝。所谓"超越层面"只是相对于物质存在的、可以感知的、有形的自然而言的。自然界还有精神层面的因素,类似于目的、意志、情感一类的因素,其价值意义主要在这个层面。但它仍然属于整体的自然,并且由人的生命存在来体现和实现,也就是使人类具有德性而成为实践主体。人们觉得"冥冥之中,似有神力",实际上并没有超自然的神秘力量,其所谓神秘力量,其实就是自然界本身的力量。自然界就其作为生命创造之源而言,它就是主体,人只是自然界的一部分。人并不是从"自我意识"出发、与自然界处于二元对立中的所谓主体。但从功能上说,人确实又是"人能弘道,非道弘人"①"为仁由己"②"我欲仁,斯仁至矣"③的实践主体。

孔子很重视人的价值,赋予人以实践主体的地位,充分肯定人的人格尊严,提倡人类的社会和谐。但是,所有人的问题决不能离开自然界而求得解决;正好相反,只能在人与自然界的生命和谐中求得解决。人类必须倾听自然界的声音,从自然界吸取智慧和力量,并且遵从自然界的生命法则。自然界才是人类的"安身立命"之地。

自然界的神性,既不是说,在自然之上有一个绝对超越的实体即上帝,来主宰人类的命运;也不是说,人类在自然界面前俯首听命,无所作为。孔子只是告诉人们,自然界的运行及其生命创造,有超出人类认识的力量,自然界决不仅仅是供人类征服和掠夺的对象,人类的认识能力,决不能穷尽自然界的一切奥秘。人类与自然界之间,存在着一种内在的价值关系。自然界赋予人类以神圣使命即"天命",而人类以完成这种使命为其生命的终极关怀。这种价值

---

① 《论语·卫灵公》。
② 《论语·颜渊》。
③ 《论语·述而》。

关系固然需要自觉的认识（"知天命"），但从根本上说，是一个德性实践的问题。人类的道德伦理原则存在于人与人的相互关系之中，也存在于人与自然界万物的相互关系之中。从终极的意义上说，它是由"天命"决定的。

这也不是说，人类没有任何选择的自由[①]，只能按照这条"没有十字路口"的大道去行动，去实现人生的价值。人类是有选择的，比如"直躬者"，不同的人可以有不同的选择；又如"我则无可无不可"，就是一种选择；又如"乘桴浮于海"，也是一种选择，如果条件具备的话。但是，千蹊万径归大海，条条大路通长安，殊途而同归。这一点则是确定无疑的。孔子不是价值相对主义者或价值中立主义者，他认为，人的选择必须符合天道、天命的指引，否则，将会受到自然界的惩罚。这就是孔子为什么提出"畏天命"的原因。

"畏天命"和"知天命"是互相联系的两个方面。"知天命"是从完成君子人格方面说，"畏天命"是从情感态度上说，二者都是天人关系的问题。"天命"究竟是自律还是他律？孔子并没有提出这样的问题，孔子也没有主体与客体、内在与外在的二分之说。一个重要问题是，孔子不是道德实体论者。实体论者认为，道德原则就是实体，实体要么在自身之内，主体即是实体；要么在自身之外，是超越的绝对。如果作一点现代的分析，那么，就孔子承认人是实践主

---

① 〔美〕芬格莱特：《孔子：即凡而圣》，彭国翔、张华译，南京：江苏人民出版社2002年版，第17、35页。

体而言,就是自律论者;就孔子承认命源于天而天即最高存在而言,又不是自律论者。实际上在孔子那里,人与自然是互为主体的,不是二元对立的,在"知天命"与"畏天命"的问题上同样如此。

"畏天命"是人类对待自然界的一种神圣的宗教情感,也是人类对自身行为的一种警觉,要时时警惕自身的行为,得到自然界的"恩惠"。人生修养的最高境界是"从心所欲不逾矩",但决不是随心所欲,任意妄为。"从心所欲"之欲是"我欲仁,斯仁至矣"之欲,"不逾矩"之矩便是天命的最高原则。而"随心所欲"之欲则是物质欲望的无限膨胀,是贪欲。人如果为了满足贪欲而任意掠夺、破坏自然,残害一切生命,就是违反了天命,就会招致自然界的惩罚。"畏天命"是以"知天命"为前提的,只有知其可畏,才能自觉地爱护自然界的生命,包括一山一水,享受到人与自然的和谐之美。因此,这是衡量君子人格的标准。至于小人,则"不知天命而不畏",肆无忌惮,胡作非为,暴殄天物,破坏自然界的秩序。

《论语》记载,孔子"迅雷风烈必变"[①]。这曾经遭受到一些人的批判。但孔子为什么要如此呢?是不懂科学知识的表现吗?很值得今人深思。迅雷、烈风是自然界的现象,孔子却表现出恐惧、严肃的神情,毕恭毕敬地坐起来,以示其敬意。这种自然现象的出现似乎有神的作用,是对人类的一种警告。这种神秘力量提示人类,在与自然的相处中,在人类的行为中,有没有违背天命之处,通过反

---

① 《论语·乡党》。

省，从中体会其意义。迅雷烈风只是一个事例，不是天人关系中的全部，从中得到的启示，不在这件事本身，而在于人类究竟如何处理人与自然的关系问题。

孔子的"畏天命"，并不是原始的自然崇拜，也不是自然神论，但是继承了自然崇拜的某些人类经验。儒家一贯重视人类经验的一切成果，由此亦可见一斑。孔子对自然界充满了敬意，能深切体验自然界的生命意义。自然界的神性，不在别处，就在生命创造本身，其生命的目的性是不可违背的，更不能肆意妄为，为了满足人的贪欲而进行无情的掠夺与破坏。人类应当以敬畏之心回报自然、亲近自然、热爱自然、尊重自然，以自然界为精神家园，追求人生的幸福。在现代社会，即使有先进的科学技术，但敬畏之心不可无。因为只有自然界才是"全能"的，人类则是渺小的。

这就是从孔子学说中得到的最大启示。

仁的学说

一、仁如何贯通天人

仁本是孔子学说的核心内容,但又是当前争论较多的问题。首先的问题是,仁是内心情感还是人格塑造? 是心德还是人伦? 是心理学的还是社会学的? 自孟子以后直到宋儒,都主张前者(主流意识),即认为仁是心理情感、心之全德。但也有从外部的社会"角色"论仁的。这里还有情与性、理的关系问题,不能细论,但其主流传统是主张情理统一的,即认为仁既有情感内容,又有理性形式,是情感与理性的统一。

今人对仁的解释,似有不同见解。冯友兰先生认为,仁的基础就是人的"真情实感"①,即心理情感,他也说过,仁是"心之全德",还

①　《中国哲学史新编》第四章,《三松堂全集》第 8 卷第 130 页。

说过仁是"人的自觉",强调其"觉解"的意义。有些论者认为,仁是社会伦理,或人与人之间的伦理原则。李泽厚先生明确指出,仁是"心理情感",更是"心理本体",他公开"反对本世纪的反心理主义"①。

海外学者也提出了他们的看法。早在 18—19 世纪,韩国的著名学者丁若镛就提出,仁是"人伦之成德"而不是"心之德",完成于后天的"人为"即"恕道"而非先天具有。其特别之处还在于,他认为仁以性为依据,而性来自天即上帝,但上帝又赋予人以"自主性",仁就是人的"自主性"的产物。② 这是人文主义的解释,但又有某些宗教背景。有趣的是,当代西方汉学家葛瑞汉也认为,仁是"与名词性的'人'相应的状态性动词",即行为。他也很重视"恕"字,认为这种以否定形式表述的道德金律主要"呈现于内心",与西方"耶稣的基本原则"一致。③ 这又同心理主义有关了。而美国学者芬格莱特则认为,仁和礼都是"各自指向'人际角色'中所表现出来的行为的某一个方面","与表示意志、情感和内在状态的语言无关",人必须受到"教育培养和文化熏陶"才能具有仁的人格。因此,仁是非心理学的概念,"切不可……心理学化"④。这种看法从根本上否定了"心理

---

① 《论语今读》,第 20、184 页。

② 《论语古今注》,《与犹堂全书》第 5 册第 178 页、第 6 册第 167 页,韩国:全州大学校出版部 1989 年版。

③ 《论道者》,第 24、25 页。

④ 《孔子:即凡而圣》,第 42、43 页。

原则"。

　　我同意仁是"心理情感"之说,但不完全同意"心理本体"之说。仁是内在的心理情感,同时依靠"知"而得以自觉。但更重要的是,仁必须而且只能在后天的社会实践中得以实现,当仁被实现出来时,就已经在社会交往之中了。这也正是某些学者强调仁是"社会角色"的行为的重要原因。所谓"实现",还有一个意思,就是学习、教育、修养等实践。但是,这并不意味着仁没有内在的心理基础,正好相反,仁就其根源而言,是人的本己的存在本质。就其存在而言,仁是最真实的情感;就其本质而言,则是情感所具有的价值内容。但这些价值内容并不是完全主观的,自我生成的,而是来源于自然界的生命创造。因此,仁与天道、天命有内在联系,不只是主观的"心理本体"。这里有天人、内外的关系问题,其贯通天人之间的关键词仍然是一个"生"字。在天为"道",在人为"仁",天道之"授"于人者为"命",但其核心是一个"生"字。这有点近于理学家的解释,但这个解释是符合孔子原意的。"天生德于予"之德就是仁德。孔子有知、仁、勇"三达德"之说,三者之中,仁德是其核心。芬格莱特说仁只是"原始材料"和"潜能",承认其来源于自然,这是对的。但是,这所谓"潜能",不只是具有存在意义,而且具有价值意义;不只是原始的情感材质,而且是普遍的道德情感,是一种潜在的德性。"直心而行"谓之德,"德者得也",即得于"生"道而为仁。孔子并没有这样明确地给予说明,但是,在孔子的学说中,隐含着这样的思想,我们的任务,就是将其阐释出来。

二、仁与知

仁与知的关系是孔子仁学思想的一个重要方面。孔子有时是仁知合说，有时是仁知分说，在不同情境下有不同说法。在仁知合说的情况下，仁就是心德或心之全德，其中包含了知的成分，但以情感为基本内容。比如子张问仁时，孔子说："能行五者于天下，为仁矣。"当子张进一步问何为"五者"时，孔子说："恭、宽、信、敏、惠。恭则不侮，宽则得众，信则人任焉，敏则有功，惠则足以使人。"①以恭、宽、信、敏、惠为仁的重要内容，这是孔子论仁最直接、最明确的一次。但这并不是从概念上对仁所下的定义或界说。从逻辑上说，这是演绎还是归纳，很难肯定，照一般的说法，更像是演绎。这五者是不是包含了仁的全部内容，也很难说，因为孔子并不是从概念的周延性上论仁，他只是说，如果能行这五种品德于天下，就是仁了，但他并没有说，当且仅当行此五者于天下，便是仁的概念了。要了解孔子学说，不能从纯粹概念上去理解。比如勇敢这种品德，也是仁德所具有的，"当仁不让于师"②"仁者必有勇，勇者不必有仁"③，说明勇也是仁的一个重要条件，但这里并没有列举出来。

---

① 《论语·阳货》。
② 《论语·卫灵公》。
③ 《论语·宪问》。

　　这五种品德可能是对特定的行为主体而言,也可能是在特定的场合之下说的,但是,其中确有普遍性意义。恭即是恭敬、尊重,如"使民如承大祭"①、有举丧者过则毕恭毕敬之类;宽即是宽厚、宽容,如"薄责于人""既往不咎"之类;信即是诚信、诚实,如"言而有信""民无信不立"②之类;敏即是敏思、敏捷,如"敏于行"之类;惠则是惠爱、慈惠,如"节用而爱人,使民以时"③之类。在这些品德之中,既有情感方面的内容,又有智慧方面的内容,如果作一点分析,那么,敏更多的是从智慧方面说的。"敏于行"虽然是从实践上说的,但它是建立在决心之上的,其决心是以智慧认识为基础的。孔子是反对盲目行动而强调"思"的。敏思或才思敏捷就是智慧的重要特征。信也有知的成分,所谓仁者"爱人",知者"知人"④,除了说明仁的本质在于"爱人"之外,同时说明还要"知人","知人"是建立诚信的重要依据。其他各种品德,其中也有知的因素,但主要是从情上说的,更多地表现为情感态度及其行为。各种品德之间,并不是不相干的,而是互相贯通、互相包含的。恭、宽、惠之间有内在联系,信、敏之间也有联系,而五者之间都是互相联系的。五者再加上其他品德,综合起来,就能说明心之全德。

---

① 《论语·颜渊》。
② 同上。
③ 《论语·学而》。
④ 《论语·颜渊》。

又如"仁者安仁,知者利仁"①这一条,也是从仁知合一之全德说仁的。"安仁"是情感上的"心安",仁本来就在心中,"安"是自安,即以仁为安。只有自己心中充满了仁,按照仁的要求去做,才能心安,从外面得来的东西,不能说心安。比如说,我得到了某种知识或某种东西,不能说安于知识或安于某种东西,只有符合心中之仁,才能说心安。安是一种情感状态,一种心理感受,也是一种自我评价。一个人做了符合仁的事,就自然能够心安,不会受到良心的谴责而愧疚;如果做了违反仁心的事,就不能心安,会受到谴责而感到愧疚,这时就需要"内自讼",做到"内省不疚"②。孔子批评宰我废除"三年之丧"为"不仁",就是从这个意义上说的。这是一种道德体验和直觉,不是知识一类的事。

至于"利仁",主要是从智慧上说的,即智慧的人有利于仁德的完成。知的作用就是使仁变成人的自觉,从一定意义上说,使情感理性化、形式化,成为行为的自觉原则,而不至于"愚"。"好仁不好学,其蔽也愚"③,知之中便有学的问题,学之中便有知的问题。应当指出,"知"并不是通常所谓知识,而是一种人生智慧,特别是实践智慧。但是,并不排除学习与知识,只要是与仁的实践有关的知识,都是需要的。因此他说,"好知不好学,其蔽也荡"④,就是说,如果喜欢

① 《论语·里仁》。
② 《论语·颜渊》。
③ 《论语·阳货》。
④ 同上。

有智慧而又不愿意学习,就会空荡荡的无所得。仁德不仅需要"安仁",即情感上安于仁,而且需要"利仁",即智性上利于仁,为的是避免盲目性,不至于使仁成为无原则的情感冲动或小恩小惠之类的东西。总之,仁知合一,就是"心安而理得"的心之全德。

但是,在很多情况下,孔子是仁知分说的。在这种情况下,他所说的仁,主要是指内心情感。当然,这里所谓"分说",并不是西方哲学分析思维意义上的"分",即仁是仁,知是知,二者互不相干,毫无关系,甚至将情与知对立起来,形成二元对立。这里所说的"分说",主要是从仁与知的不同功能与特征而言的,却不是对立的。比如他说:"知者不惑,仁者不忧,勇者不惧。"[①]就是从知、仁、勇的不同表现形态和功能、作用上说的。前面说过,作为心之全德,从整体上说,仁包含了知和勇;但是,从心理机能及其功能上说,又有不同侧面、不同作用。"不忧"是从情上说的,不忧就是乐,即仁者之乐;"不惑"则是从知上说的,即不会受到迷惑,能明白事理;"不惧"是从意志上说的,即勇敢而无所畏惧。从这里可以看出孔子是从知、情、意上论知、仁、勇"三达德"的。三者分说,表现出分析思维的某些特征;但合而为一,成为心德,以仁代表,就是一种整体思维。

又如:"樊迟问仁。子曰:'爱人。'问知。子曰:'知人。'"[②]这里也是仁、知分说的。"爱人"是仁的根本内容,仁的本质就是"爱"(下

---

① 《论语・子罕》。
② 《论语・颜渊》。

面还要讨论),但仁并不是无原则的爱,仁爱是有原则的,这个原则从主观上说,是仁之应对能力;从客观上说,是知人之善恶,是以知为条件的。因此他又说:"唯仁者能好人,能恶人。"①爱之中有好恶,好恶是有标准的,其标准是建立在知之上的。仁知二者有如此密切的关系,但从功能上说,毕竟是不同的。

又如"知及之,仁不能守之,虽得之,必失之"②,也是从功能上说明仁知二者关系的。"知及之"的"及"字,是达到或得到的意思;"仁守之"的"守"字,是保持、守住的意思。"知及之"与"仁守之"的"之"字,则是指"志于道"之"道"。知的功能在于认识"道",仁的功能在于守住"道"。对于"道",认识上达到了,但是不能以仁守住,即使是达到了,也会丧失。这说明,仁本来就在人的心中,因此才能说守住,这个"守"是自守,不是从外面守住一个什么东西。这还说明,仁与道有一种内在联系,仁即是道之在人者。再联系到"志于道,据于德,依于仁,游于艺"③,就更好理解了。"道"实现为仁,就成为自己的东西了,因此要守住并"依仁"而行,"依仁"才能"守道"。

但是,孔子又说:"知及之,仁能守之,不庄以涖之,则民不敬。知之,仁能守之,庄以涖之,动之不以礼,未善也。"④就是说,"知及""仁守"的同时,还要以庄重严肃的态度对待它;如果不以庄重严

---

① 《论语·里仁》。
② 《论语·卫灵公》。
③ 《论语·述而》。
④ 《论语·卫灵公》。

肃的态度对待它,人民就不会敬重。这些都做到了,还要动之以礼,即要在行动上合于礼;否则,也是不好的。这是由内到外的实现过程。知有向外知取的意思,但归根到底是知仁,因为内外是"一贯"的。仁是我所具有的内在德性,故需要自我操持、自我保护和自我坚持,并转化为情感意向,以礼的方式实现出来,就算真正完成了。从整个过程看,仁处于核心地位。从知行关系看,仁处于实践位置。知服务于仁,由仁而实现为礼。仁表明了人的主体性(德性主体),以自我操持的修养实践为基本特征,而仁的根本内容不是别的,就是"爱"这种道德情感,其外部表现则为礼。礼是客观化的规则及其行为,因此,要动之以礼。

孔子还说:"知者乐水,仁者乐山。知者动,仁者静。知者乐,仁者寿。"①这是从形态和特征上说明仁知二者的关系。山有静止相,水有流动相。仁者敦厚,有如山之稳重,故乐山而好静;知者敏慧,有如水之变化,故乐水而好动。但山与水,是自然界的主要表征,也是一切生命存在的基础,二者虽然不同,却又是不可分的。动与静,则是生命存在的两种方式,是互相依存的,其中有深刻的生态意义。人类与自然界的亲近,既是仁者的特征也是知者的特征,所表现的是一种诗意般的生存状态,从根本上说,人与自然是一种情感联系,而不是对象认识的关系。

---

① 《论语·雍也》。

三、仁与礼

仁与礼是内在情感与外在形式的关系，二者是统一的。内在情感之实现（移情），必待礼而完成。《礼运》说："礼义者，……所以达天道、顺人情之大窦也。"《丧服》说："凡礼之大体，……有恩有理有节有权，取之人情也。"郭店楚简《语丛一》说："礼，因人之情而为之。"《语丛二》说："礼生于情。"这些解释都是符合孔子思想的。人情有多种多样，其中有好恶之情，但仁爱是其核心。"唯仁者能好人，能恶人。"①仁之中包含着道德理性原则。礼作为仁之外在形式，是人文创造，但有其内在根源，反过来又能培育人的情感，巩固其仁德。孔子所说的"克己复礼为仁"，就是克服个人的一己之私心，视、听、言、动都符合礼仪，这样就能实现仁德。但是，如果没有真情实感，只是一套形式，那就从根本上丧失了礼的意义。"人而不仁，如礼何？人而不仁，如乐何？"②"礼云礼云，玉帛云乎哉！乐云乐云，钟鼓云乎哉！"③难道礼就是实行那些外在的仪式吗？当然不是。礼是表达、满足和调节人的情感的，是实现仁德的。

仁与礼也可以说是"质"与"文"的关系，仁是质朴的内在情感，

---

① 《论语·里仁》。
② 《论语·八佾》。
③ 《论语·阳货》。

礼是人文的外部表现,二者结合起来,就是仁人君子。"文质彬彬,然后君子。"①这是孔子对仁与礼的关系的最好说明。

如前所说,孔子并没有从概念上说明仁是什么,也没有给仁下过定义,因为仁本来就不是一个概念,而是人的存在本质。仁不仅是"是什么",而且是"要如何",是一种存在状态,表现为目的性的过程,所谓"本质",是在过程中存在的。因此,孔子只是在不同情境与场合下说明仁的重要以及如何实现仁,却从不说仁是什么。但他明确肯定,仁不在别处,就在每个人的心里,在自己的身体之内,仁就是人之所以为人的内在德性。"我欲仁,斯仁至矣。"②"为仁由己,而由人乎哉!"③这说明,仁不是从外面得来的,而是自己所具有的,完全由自己决定,而不是由别人决定或给予。但是,如果有"己",以"我"为限,那就违背了仁心,从这个意义上说,仁是没有内外之分的。当仁受到"己"即个人欲望限制时,就要"克己复礼"④,通过礼的规范以恢复仁德,视、听、言、动都符合礼了,也就实现仁了。礼是由仁决定的,但反过来又能培养和实现仁德。仁不是从外在的什么地方产生的,但是由情感决定的仁德与外部规范不是对立的,而是内外统一,并相互作用的。这就是内外合一之道。

但所谓"心理的",并不是纯粹心理学的。如果将仁说成现代心

① 《论语·雍也》。
② 《论语·述而》。
③ 《论语·颜渊》。
④ 同上。

理学意义上的情绪情感，那就不是孔子所说的仁了。孔子所说的仁，固然是心理的，但又不是纯粹主观的。仁是一种生命意识，以情感的形式表现出来，但它又包含着普遍的自然理性或生命原则、生命关怀，这些原则进入社会角色的实践活动，就成为不同情境下的伦理规范，这时便以礼的形式出现了。仁是内在的，但"为仁"即实行仁德却是由内向外的过程。这就是孔子提倡"为仁由己"的实践主体作用的道理。

仁的实质是"爱"，其实现方法是"忠恕"。"恕"者"己所不欲，勿施于人"，是从否定方面说；"忠"者"己欲立而立人，己欲达而达人"，是从肯定方面说。这都是从如何实现仁的方法上说的。这个方法就是从自己开始，由己及人，由己推人，由内到外，及于他人。我与人不是"自我"与"他者"的关系，而是我与同我一样的人的关系，这就是所谓"移情"。其根本意义是，对他人的尊重，对他人的人格尊严的尊重。"仁者爱人"，对人的尊重和同情、关心是仁的根本内容，孔子就是从人际间性论仁的。

四、孝与忠恕

仁首先是从家庭开始的。"孝弟也者，其为仁之本与！"①孝被认

---

① 《论语·学而》。

为是孔子仁学的基础,长期以来,这句话受到人们的重视。但是,随着儒学的发展,对孝的具体理解是有变化的。这里不能详细讨论。需要指出的是,所谓"孝",有一套"孝道",表现为一套程式规范,但其根本精神却是出于情,是一种亲情之仁。父母子女之间的爱,出于真情实感或天然情感,带有原始自然情感的特点,但是又超越了原始情感,是一种普遍的道德情感。有人将孝理解为供养父母的生活,孔子批评了这种观点:"今之孝者,是谓能养。至于犬马,皆能有养;不敬,何以别乎?"①这句话,有两种解释。一种解释说,犬马也能得到人的饲养,如果对父母不孝,与饲养犬马有何区别?另一种解释说,犬马也能养护幼仔,如果不敬父母,与犬马之养仔有何区别?这两种解释都说得通,但我认为,第二种解释似乎更好,且能说明孝是人与动物的区别。总之,只有敬爱父母,才是孝的实质。

任何一个家庭成员,都是家庭关系中的一个"角色",父亲有父亲的"角色",儿子有儿子的"角色",各自在各自的"角色"中尽其义务,如父如何"教",子如何"孝"之类。但是,透过这些"角色",就会看到,各个成员都是靠"亲情"联系起来的,因此才有很强的亲和力和凝聚力。所谓"亲情",就是仁在家庭关系中的表现,是一种内在情感即发自内心的敬爱之情,但又是有所向,即指向父母的。从这种意义上说,仁又是在相互关系中存在的,而"孝道"则是表现这种亲情关系的形式。形式是重要的,但亲情之仁是本质性的。

---

① 《论语·为政》。

关于这个问题，从孔子论"直"看得更加清楚。"叶公语孔子曰：'吾党有直躬者，其父攘羊，而子证之。'孔子曰：'吾党之直者异于是，父为子隐，子为父隐，直在其中矣。'"①叶公说，他家乡有行为正直的人，如果父亲偷了人家的羊，儿子会告发；而孔子却说，他家乡的行为正直的人与此不同，父亲为儿子隐瞒，儿子为父亲隐瞒，互相隐瞒，其中却有"直"。这是一段很有趣的对话，反映了不同的价值选择。叶公所说，是以"事实"为依据，而不顾父子之情；孔子所说，是以情感为依据，而不论"事实"如何。这确是一个很大的区别，但是，在孔子看来，如果是出于真情实感，其中便有"直"，这虽然不是客观事实的"真"，也是价值事实的"真"。在这一点上，似乎是价值高于事实。但价值本身也是以情感存在之事实为依据的，因此说"直在其中矣"。由此亦可见，古人将"情"字说成情实，是有道理的，情感就是一种真实的存在。一个是认识上的真实，一个是情感上的真实，因此选择不同。孔子的选择固然有一定的范围和限度，但又是非常重要的，说明亲情是不能被任意伤害和破坏的，否则，人的生命存在就会受到伤害，人性就会被扭曲。现代的西方法律已经提供了这方面的保护，这是值得我们深思的。

关于人际间性的问题，大家讨论得比较多，不必详述，这里只想指出一点，有人认为，"恕道"和"忠道"是不同的，"恕道"可行而"忠道"不可行。以"己所不欲，勿施于人"的"恕道"原则即否定的方法

①　《论语·子路》。

处理人际关系,就是自己不愿意的,不要强加于人,这是人心之所同,任何人都能够接受,同时体现了对别人的尊重,因此是可行的。但是如果以"己欲立而立人,己欲达而达人"的"忠道"原则即肯定的方法处理人际关系,就是把自己所愿意的强加于人,这并不是人人都能接受的。一则因为人人各有自己的不同选择,未必按我的愿望去做;二则各人的道德水准也不同,未必都能接受。

其实按照孔子的学说,"忠"与"恕"只是同一件事的两个方面,都是以仁心对待他人,都体现了对他人的尊重。否定的方法是以己之心度人之心,固然表现了对他人的同情和尊重,肯定的方法则是以仁心对待他人,使他人感受到这种尊重,而不是强加于人,一定要他人如何如何去做。这是一种"感同身受"式的同情与关心,不是命令人如何如何。这同消极自由与积极自由的学说似乎有些相似,但并不是一回事。"自由"更多的是法治的概念,消极自由意味着少管或不管,积极自由意味着给予自由权利,是一种客观的原则。但"忠恕"之道是由内在德性而来的伦理概念,从肯定和否定两个方面尊重和关怀他人,即把别人当自己一样看待,并不要求对方做什么,至于别人做什么或不做什么,则是各人自己的事情。

按照宋代朱熹的解释,"尽己谓忠,推己谓恕"[1]。"尽己"是从自家心上发出而及于别人,"推己"是以己之心推人之心而及于别人,

---

[1] 《朱子语类》卷二七。

实际上"只是一个物事"①。如果说有什么不同，那就是根本与枝叶，即一本与万殊的不同。"忠"只是一个心，是根本；"恕"则是忠心之发用，在不同情境下有不同表现。一本在万殊之中，"忠"在"恕"之中，通过"恕"而实现出来。如果是这样，那就没有什么可行不可行的问题了，因为"己欲立而立人，己欲达而达人"的"忠道"只是一个出发点，一种自心状态，只能通过"推己及人"的"恕道"而实现出来。

实行"忠恕"之道，有一个基本前提，就是承认人人有同心，"人同此心，心同此理"，所以能够"尽己"以及人，"推己"以及人。这所谓"同心"，就是人人所具有的仁心，不是个人的一己之心。如果就一己之心而言，则"人心如面"，千差万别，无所谓"忠恕"不"忠恕"。但是，人之所以为人，总有些什么共同的东西。人人都有"思"的认识能力，但是这还不能说明一切。孔子认为，人所以为人，在于人有仁心，"恕道"不过是实现仁心的方法，即互相尊重的交往过程。全球伦理将孔子的"己所不欲，勿施于人"定为黄金规则，作为"最低限度"的伦理规则，是人人都能遵守的。这被认为是从不同的宗教伦理中所能找到的"共同点"。但是，从"文明对话"的角度来看，这一规则涉及人类是否有共同情感的问题，而不仅仅是设一个"底线"而已。孔子所提倡的仁学，正是从人类有共同情感即"移情"这一前提出发的，他深信，人是有尊严的，人的尊严是建立在道德人格之上的，而道德人格是建立在仁这种德性之上的，仁这种德性则是由情

---

① 《朱子语类》卷二七。

感决定的。情感是内在的，又是由自然界的生命创造而来的。

五、仁与生态

现在的问题是，仁是不是只限于人际间性呢？

孔子说，仁者"爱人"①。孟子说，"仁，人也"②。这都是从人及其人际间性论仁的。但是仔细分析起来，"爱人"有一个爱的主体，这个主体显然是人，但是除了"爱人"，还有没有更广泛的意义呢？仁的对象有没有限制呢？孟子所说"仁，人也"，正是从人之所以为人的意义上说的，但"仁即爱"这一实质内容并未改变。正是孟子将仁的范围扩大了，认为一切生命都是应当受到尊重的，因此，他进一步提出了"仁民而爱物"③的著名学说，将仁扩大到自然界的生命——动植物，即不仅要尊重人，而且要尊重和爱护动植物的生命。这是对孔子仁学的进一步发展。但是如果做一些考察，就会发现，在孔子的言行中，其实已经包含着这方面的丰富内容，孟子只是将其明确表述出来了。

仁是天生之德，而天以"生"为道，那么，仁的基本内容就是一种普遍的生命意识，表现为生命关怀。这种生命意识和关怀之所以是

---

① 《论语·颜渊》。
② 《孟子·梁惠王下》。
③ 《孟子·尽心上》。

普遍的,是因为天之"生"人"生"物,是没有偏私的。但是,在仁的实现过程中又是有差异性的。"孝弟为仁之本",是孔子仁学的基础,孔子很重视家庭亲情。但仁却决不止于孝,也不止于人间性的"忠恕"之道。不能把孔子的仁仅仅归结为家庭内部的亲情关系,如同某些人所说;也不能仅仅归结为社会的伦理关系,如同另一些人所说。但是,可以将孝理解为仁的特殊性应用,而将仁理解为孝的普遍性原理。比如郭店楚简的《唐虞之道》说:"孝之方,爱天下之民。"《语丛三》说:"爱亲,则其方爱人。"这是说,孝在本质上是仁的践行,由爱亲之孝推出去,就能爱民、爱人,即由家庭开始,以待父母之心待天下之民。这里有一个普遍性与特殊性的关系问题。从方法上讲,是由孝而类推;但从内容上说,则是孝由仁出。有仁心才有孝,不是有孝而后有仁。父母与他人有亲疏远近之别,这是差异性原则;但仁本身却是对一切人的尊重,而且不止于此,还要扩大到自然界的生命。

这里所谓类推的"类",实际上有两层涵义。一是指人类,二是指生命。人是万物中之最贵者,孔子以仁为人,就是对人的尊重。但人又是生命之物,从生命的意义上说,人与动植物都是天之所生。对天所生之物,都要有同情和爱,这是仁的最本真的普遍涵义。从人类发生学上说,孝是一种原始情感;但是从人类文化学上说,孝只是仁的最初表现。仁要从孝开始,一层一层推出去,推到人类,推到自然界的一切生命。

孔子退朝,马厩起火,孔子说:"'伤人乎?'不问马。"①这表现出以人为本的思想。在人与马同时受伤的情况下,首先当然要关心人。但是,马就不值得尊重和关心吗?对此,孔子有一句非常重要的话:"骥,不称其力,称其德也。"②千里马有力,因而能行千里,这是人人共知的,但孔子为什么偏偏不称其力而称其德呢?难道马也有德吗?在孔子看来,马决不仅仅是供人使用的工具,而是人类的朋友,是应当受到尊重的。这种尊重与爱,不是出于对我有用,而是出于其德,它本身就是值得尊重的。这同当代某些人将马仅仅当作是供我使用的"畜生"对待的做法形成鲜明的对照。由此类推,天所生之物,都是值得尊重和爱护的。人的德性之所以尊贵,不在于凌驾于其他生命之上,任意支配和施暴,而在于同情和爱护一切生命。

有一次,孔子和学生子路行路,走进山里,有一群野雉落在山冈上,孔子抬头一看,眼色一动,野雉便飞向天空盘旋。过了一阵,大概是看到孔子一行并无伤害它们之意,于是又落下来。这时,孔子很有感慨地说道:"山梁雌雉,时哉时哉!"③学生子路也恭敬地向它们拱拱手,然后这群雌雉振振翅膀飞去了。这是人与野生动物和平相处、相互交流的一幅和谐美好的图画,表现了孔子仁者的胸怀,表达了非常可贵的生态意识。对于野生动物的尊重和爱护,也是仁的

---

① 《论语·乡党》。
② 《论语·宪问》。
③ 《论语·乡党》。

体现。孔子也打猎，也钓鱼，但是，"子钓而不纲，弋不射宿"①，即不用粗绳结成大网，企图一网打尽；也不射回巢的鸟，破坏其家庭。这是为了让小鱼和小鸟享受生命，得到生长。如果没有爱鱼、爱鸟之心，这是难以理解和想象的。

孔子主张"学诗"，除了应对交谈以提高生活品位之外，还要"多识草木鸟兽之名"。这不是为了单纯获得知识，而是为了认识动植物的多样性，理解大自然的丰富多彩及其生命意义，与之和谐相处，充实人类的生活，享受人生的乐趣。这是生态美学的重要内容，同时却充满了热爱大自然的仁心仁德。"吾与点也"之乐，成为后儒追求的最高境界，即天人合一境界，决非偶然。它反映了孔子的人生追求，对大自然的无限热爱。

有一次，孔子与弟子们座谈，要弟子们谈谈各人的志向。子路说，在千乘之国干上三年，定能使人人都变得勇敢而且知道如何去做。冉求说，治理方圆六七十或五六十里的小国，三年可使人民富足。公西华说，祭祀或盟会一类的事我愿做一个司仪。曾点则说，我的志向与他们三位不同：暮春时节，春天的衣服穿好了，我同五六位成人、六七位童子一起，到沂水旁边洗洗澡，到舞雩台上吹吹风，然后唱着歌儿回家。这时，"夫子喟然叹曰：'吾与点也！'"②即表示赞同曾点的志向。人们都说，孔子最关心现实问题，是现世主义者。

---

① 《论语·述而》。
② 《论语·先进》。

有趣的是,在谈到人生志趣问题时,前三位弟子都是讲社会现实问题的,孔子却一言不发,为什么等曾点讲完之后,却大加赞赏,说出千古流传的"吾与点也"呢?答案只有一个,孔子的最高理想是人与自然和谐相处的天人合一境界,曾点所说,正好表达了孔子的这个理想。这看起来似乎与仁没有什么关系,实际上正是仁者之乐。孔子并未否定其他几位弟子的志趣,而是给予了肯定,但他认为,大自然才是人生的真正家园,只有热爱和保护大自然,才能有一个美好的家园。

对动物如此,对植物也是如此。"岁寒,然后知松柏之后凋也。"①这也是一种类比思维,"移情"作用。后人常常以松柏比喻人格,松柏也是有人格的,耐寒而挺拔,能给人以力量。这种"移情"也是仁的体现。"知者乐水,仁者乐山。"②这种"乐"是人与自然和谐的最高体验,只有境界很高的人才有这种体验。缺乏这种境界的人,只见山是山,水是水,与我有何相干?更有何乐?在仁知之人看来,自然界充满生意,与之融为一体,不计利害,就是仁者情怀,能享受到生命的快乐。生活在科技社会的现代人,难道不应当从孔子智慧中吸取精神力量吗?

---

① 《论语·子罕》。
② 《论语·雍也》。

礼的学说

"礼"是孔子学说的重要内容。有的学者甚至认为,孔子学说的核心是"礼",而不是"仁",更不是"天人"问题。"礼"体现了中国古代社会的主要特征,几千年的中国社会就是一个"礼治"的社会,而孔子就是以提倡"礼"而闻名的。

但是,对于孔子关于"礼"的学说的性质和意义,却有不同看法。有的认为,"礼"的学说代表了孔子的社会政治观点;有的认为,"礼"的学说体现了孔子的宗教观;有的则认为,"礼"的学说主要反映了孔子的人文观。有人想从中挖掘出新的意义,以弥补现代"法治"社会的不足;有人则揭示其中的保守性,证明其对于现代社会发展的阻碍作用。

那么,究竟如何看待这些问题呢?

认为孔子学说的核心是"礼"这种看法,并不是毫无根据;但是,并不完全准确。孔子的人学应当是仁与礼的统一,二者不能分离。

正如某些学者所说,在孔子那里,仁与礼是"同一件事情的两个方面"①。但是,仁和礼又不是如同这些学者所说,都是"人际角色"中所表现出来的行为的某一个方面,而是个人与社会之间的关系,也就是内在德性与外在形式之间的关系。

礼的范围很广,包括社会制度、行为规范、礼节仪式等诸多方面。如果作一点分析,那么,大体上可分为制度和礼仪两个层面。我们分别就这两个层面进行一些讨论。

一、向往和谐统一的社会秩序

如果说,中国古代社会是"礼治"的社会,那么,礼就是代表社会制度和秩序的,同时又是一种文化。

孔子是儒家学派的创始人。所谓"儒",虽不是如同司马迁父子所说,"出于礼官",但确实和"礼"有密切关系。"儒"最初就是一批"相礼"之人,孔子本人就从事过"相礼"的职业。但孔子正处于周朝"礼崩乐坏"的时代,"礼"已不再由上层贵族所垄断,而是下移到民间。《评传》中我们谈到孔子向郯子学礼的故事,就反映了礼不在朝而"求诸野"的情况。孔子对礼很有研究,年轻时就是一位"礼"的专家,因而很受尊重。南宫敬叔向孔子学礼的故事就说明了这一点。

---

① 《孔子:即凡而圣》,第42页。

孔子对三代（夏、商、周）的"礼"都有研究。他说："夏礼，吾能言之，杞不足征也；殷礼，吾能言之，宋不足征也。文献不足故也。足，则吾能征之矣。"①夏、殷二代，毕竟历史久远，"文献"不足，虽然夏的后代有杞国，殷的后代有宋国，但是都发生了很大变化，已不能保存原来的"礼"，因此不能提供足够的证据，来证明他所"言"之夏礼和殷礼。如果证据充足，便能证明他之所说。就孔子作为一位礼的专家而言，他的这种态度，体现了一种实证的科学精神。

从这里还说明一个重要问题，就是古代的礼是有变化的，不是一成不变的。否则，只知周礼也就可以知道夏、殷之礼了。孔子的这句话，本身就代表了一种历史主义的态度。孔子之所以如此重视三代之礼的沿革变化，其目的是想从中得出某些有价值的结论。正如他自己所说："殷因于夏礼，所损益可知也；周因于殷礼，所损益可知也。其或继周者，虽百世，可知也。"②这是孔子经过研究之后所得出的一个重要结论，即三代之礼是有"损"有"益"、有"因"有"革"的，换句话说，周礼对殷礼既有继承，又有变革。

夏、殷之礼虽不可证明，但是可以说出它们的主要内容；而周礼则是可以证明的，文献也是足够的。那么，孔子对周礼的态度如何呢？他的结论是："周监于二代，郁郁乎文哉，吾从周。"③即是说，周礼是吸收了夏、殷二代之礼而制定出来的，其最大特点是"文"，即具

---

① 《论语·八佾》。
② 《论语·为政》。
③ 《论语·八佾》。

有人文精神，丰富而又多彩，所以我是主张周礼的。

从认识方面说，用"文"字概括周礼的特点，是恰当而有根据的。我们知道，孔子很推崇周公，曾以"不复梦见周公"①为憾，且有自己年龄已长、精力已衰之叹。周公不仅是西周初年的大政治家，而且是一位大思想家，他就是为周朝"制礼作乐"之人。殷人崇拜上帝、鬼神，是一种宗教文化。而周礼在继承其宗教性的同时，却增加了人文精神。周公提出"以德配天""敬德保民"的"重德"思想，就是对殷礼的最大改革。这说明，经过周朝取代商朝的统治这一历史事件，周公看到了人民的力量，意识到"德"的重要。这在古代文化发展中具有动摇宗教世界观的重大意义。孔子以"郁郁乎文哉"来形容周礼，说出了它的人文精神的特征；当然，其中也有孔子自己的"理解"和发挥。正是在这样的理解和发挥之下，他要"从周"。

从态度方面说，孔子正处在社会变革之际，诸侯兴起，互相争霸，到处出现了混乱和"僭越"。而在这一过程中，人民受到了涂炭。这是孔子所不愿意看到的，故称之为"天下无道"。他有一段常被引用的话，就是："天下有道，则礼乐征伐自天子出；天下无道，则礼乐征伐自诸侯出。自诸侯出，盖十世希不失矣；自大夫出，盖五世希不失矣；陪臣执国命，三世希不失矣。天下有道，则政不在大夫；天下有道，则庶人不议。"②这曾经被认为是孔子反对社会进步、坚持保守

① 《论语·述而》。
② 《论语·季氏》。

立场的最有力的证据。

但是,孔子之反对"僭越",是不是实质上反对社会进步,还很难找到强有力的证据。当时的诸侯和大夫甚至陪臣,是不是一定都代表新的经济和社会力量,也很难有实质性的资料来证明。当时的社会变革是自下而上地进行的,但相互之间的争霸战争和"僭越"行为,是否必然地代表社会进步,也还是值得进一步探讨的。实际上,孔子并不一定反对实质上的社会变革和进步,他反对的,是社会的失衡以及混乱秩序。而在他看来,礼就是代表社会秩序的。所谓"礼乐征伐自天子出",只是表示社会秩序的形式,并不是维护实际上的天子,至于是什么样的"礼乐征伐",孔子并没有说。至于"天下有道,则庶民不议",是说治理得好,人民就不会议论;而不是说,要禁止人民议论。他所理想的社会,是和平统一的社会;他所理想的秩序,是以周公为代表的能体现人文精神的"礼乐"以及维护统一的"征伐",而不是互相残杀。在这里,孔子确实是以一位"保守者"的面目出现的,可说是中国古代的一位"文化保守主义者"。他所维护的,正是文化意义上的"周礼",其中的一个重要内容,就是秩序所体现的人文精神。至于礼的具体内容,孔子并不反对有"损"有"益",甚至必要的变革。从一定意义上说,孔子所反对的,是当时的变革形式,而不是变革本身。至于孔子的这个理想能不能行得通,则是另外一个问题。作为思想家的孔子,他所强调的始终是文化价值,而不是政治体制。如果说孔子未能提出切实可行的政治架构学说,则是完全正确的。

关于这个问题的更深一层的意义，还可以从孔子对春秋时期一些政治人物的评论得到说明。其中，对管仲的评论就具有代表性。

管仲是一位著名的政治家，他在齐国实行了一系列改革，因此，有人将他归入"法家"。管仲是不是法家，暂时不去说。《论语》中并没有孔子对其改革方面的评论。但是，孔子批评过管仲的"器小"和"不知礼"。"子曰：'管仲之器小哉！'或曰：'管仲俭乎？'曰：'管氏有三归（即市租之三，归于他家——从杨伯峻注），官事不摄（指兼任），焉得俭？''然则管仲知礼乎？'曰：'邦君树塞门，管氏亦树塞门。邦君为两国之好，有反坫，管氏亦有反坫。管氏而知礼，孰不知礼？'"① 这里除了"器小"、不节俭之外，最重要的是"不知礼"，其表现则是"僭越"。根据周朝的等级制度，只有国君的宫墙外才能立照壁，管仲也立了；只有国君为了外交的需要，能在厅堂上建一个放置器皿的设施，管仲也建了。由此可见，管仲"不知礼"，实际上是说，管仲违反了周礼。

但是，对于管仲在春秋时期维护统一秩序和文化方面的作用，孔子却给予了高度评价，并以"仁"相许。这是很不寻常的。孔子很少许人以"仁"，对于他最得意的学生颜渊，也只是说"其心三月不违仁"②；对于当时另一位有名的政治家子产，也只评之为"惠人也"③。他之所以许管仲以仁，主要是从制止诸侯互相征战，维护国家统一

---

① 《论语·八佾》。
② 《论语·雍也》。
③ 《论语·宪问》。

和华夏文化的意义上说的。《论语》记载:"子路曰:'桓公杀公子纠,召忽死之,管仲不死。'曰:'未仁乎?'子曰:'桓公九合诸侯,不以兵革,管仲之力也。如其仁,如其仁。'"①管仲和召忽都是公子纠的师傅,齐桓公为了争夺君位,杀了他的哥哥公子纠,召忽自杀而死,管仲不但不死,反而做了桓公的相。按照当时的评价标准,管仲应当是"不仁"。因此,子路有这样的疑问。但孔子的回答,却并不看重其不为公子纠而殉身,而是看重他辅佐桓公,九次联合诸侯,订立同盟,避免了相互之间的战争。这是管仲的一大贡献,也就是他的仁德。"如其仁,如其仁"者,即是说"这是仁,这是仁"。

同一篇又载:"子贡曰:'管仲非仁与? 桓公杀公子纠,不能死,又相之。'子曰:'管仲相桓公,霸诸侯,一匡天下,民到于今受其赐。微管仲,吾其被发左衽矣。岂若匹夫匹妇之为谅也,自经于沟渎而莫之知也?'"这里谈得更明确,"霸诸侯"明明是"霸业"而不是"王业",即不是"礼乐征伐自天子出",而是"自诸侯出";但是,他能够"一匡天下",即匡正天下之诸侯,维护天下和平与稳定,而不致战乱不断,使人民流离失所,遭受涂炭,这就是最大的贡献。如果没有管仲之功,我们很可能流落到荒蛮之地,披着散发,穿上少数民族衣襟向左开的衣服了。难道说,管仲要像匹夫匹妇那样,讲所谓小信,死于沟壑而无人知道吗?

当时诸侯强大,周天子形同虚设,已是不争的事实。管仲的所

---

① 《论语·宪问》。

作所为,同"礼乐征伐自天子出"的所谓"有道",已不可同日而语。
孔子并不是"迂"到不知时世变迁的地步。实际上,他已接受了诸侯
"称霸"的事实。但是,管仲辅佐桓公"霸诸侯"之时,能够按礼而行,
不动兵革,这就保护了华夏文化,就值得称赞,而且毫不犹豫地称之
为"仁"。这说明,孔子所说的"礼",从根本上说是以文化为其核心
要素的。管仲虽然有"僭越",违反了礼,但在更大的问题上,对中华
民族的文化是有贡献的,是符合"仁"的。礼与仁相比,仁更根本,而
符合了仁,其基本精神也是合于礼的。

　　齐、鲁是周朝的两个重要国家。齐国是姜太公之后,鲁国是周
公之后。就当时的礼治情况而言,孔子认为,齐国不及鲁国,鲁国保
留了更多的周代文化。因此孔子说:"齐一变,至于鲁;鲁一变,至于
道。"①意思是,齐国变一变,就能达到鲁国的程度;鲁国再变一变,就
合于大道了。这里所谓"道",显然不是"礼乐征伐自天子出"那样的
"道"。这无非是说,更符合"郁郁乎文哉"的理想状态,即具有更多
的人文精神。据《左传》记载,晋国的韩宣子曾到鲁国考察,说过"周
礼尽在鲁矣"(昭公二年)。所谓"周礼尽在鲁",不只是指文献典籍
而言,同时还包括当时的文化教育方面的情况以及人们的生活方式
等等。孔子的学生冉求在鲁国执政大夫季氏手下做事,季氏有很多
"僭越"行为,受到孔子的批评,其中,也批评了他的学生。"季氏富
于周公,而求也(即冉求)为之聚敛而附益之,子曰:'非吾徒也,小子

----

① 《论语·雍也》。

鸣鼓而攻之可也。'"①这个批评是很严厉的,从中反映的问题就是指季氏掠夺人民,聚敛财富。这充分体现了孔子的重民思想。但是在文化教育方面,孔子对于鲁国的情况并不是太悲观。

二、"正名"说

关于政治的看法,孔子提出了他的著名的"正名"学说。治理国家,首先要"正名"。"名不正则言不顺,言不顺则事不成,事不成则礼乐不兴,礼乐不兴则刑罚不中,刑罚不中则民无所措手足。"②"正名"就是孔子的政治逻辑。"正名"就是端正"名分","名分"摆正了,做事就有了依据。"名分"是一个标准,按此标准去做,就能"正其身"或"其身正",别人也就有所遵循了。但"名分"决不只是代表政治地位,更重要的是体现其应尽的义务即"道"。具体地说,"正名"就是"君君,臣臣,父父,子子"③。君要按君的标准去做,臣要按臣的标准去做,父子之间也是如此。至于这个标准的具体内容是什么,孔子只是提出了一个一般原则,要在实际的政治行为中去实现。但是可以肯定的是,其核心内容就是"礼"。但"礼"的内容,并不是不可改变的,而是能够"损益"的,这其中,包含了改革的要求;然而礼

---

① 《论语·先进》。
② 《论语·子路》。
③ 《论语·颜渊》。

的基本精神又是不能改变的。这个精神,就是"重民"所体现的人文精神。

因此,孔子并不是固执"礼"的具体条条框框而不变,也就是说,他并不反对社会的进步和变革。他所强调的,始终是"礼"所体现的基本精神、基本原则。而对于礼的基本原则和精神的解释,显然有他个人的理想化的理解,这就是以人为重或以人为本的人文精神。比如季康子问政于孔子:"如杀无道,以就有道,何如?"孔子回答说:"子为政,焉用杀?子欲善而民善矣。"①可见,孔子是反对用刑罚杀人的。不管季氏所说的"有道"和"无道"是指什么,在孔子看来,用刑罚杀人是不好的。问题还是回到"正名"问题上,"其身正,不令而行;其身不正,虽令不从"②。只要你做得正,则人民无不正;只要你想把国家治理好,人民就会好起来,何必用"杀"的办法?这里又涉及"德治"的问题,以后还要讨论,这里就不说了。

就君臣关系而言,孔子也是以相互对待为礼的基本要求,而不是单方面的,即不是只要求臣尽臣礼,而君不尽君礼。礼本身包含了不同地位的人有不同的义务,其中有等级之分。就实际地位而言,君臣之间无平等可言,人民也是广义的"臣民",与现代社会的"公民"不可相提并论。古代的人民不可能是政治主体,只能处于从属、服从的地位。君臣之间是"使"即使用和"事"即服事的关系。但

---

① 《论语·颜渊》。
② 《论语·子路》。

是,从礼的"名分"上说,各自都有各自的义务,为君者不能任意使用权力,使臣下服从个人的意志。"定公问:'君使臣,臣事君,如之何?'孔子对曰:'君使臣以礼,臣事君以忠。'"①只有君对臣依礼而行,臣对君才能尽忠。如果君对臣无礼,则臣可以离开,不再服事其君。"所谓大臣者,以道事君,不可则止。"②所谓"止",就是辞掉不干。从这个意义上说,礼体现了相互尊重的对等原则。孔子所谓"以道事君"是指实行"道"的原则,不是为了君主个人,维护个人的权威。"尽礼"和"行道"应当统一,"尽礼"是按"名分"办事,"行道"是贯彻原则,"道"应当包含在"礼"之中,"礼"应当体现"道"的原则。这个"道"就是"人道",以"仁"为根本内容。当"道"不能顺利实行时,臣可以"犯君","犯"而仍不能实行,则可以离开。这就是孔子所能做的,也是他对周礼的一点改革。

这点改革看起来是有限的,但其中所包含的意义却是深远的。这就是对人的尊重。礼应当体现出对人的尊重,礼的文化内涵就在于此。正是从这个意义上说,"夷狄之有君,不如诸夏之亡(即无)也"③。就是说,文化落后的国家,即使有君,还不如华夏无君的好。这是一个假设之词,意思是,只要有华夏文化,即使是没有君,也是好的。这显然是将文化置于君权统治之上,体现出孔子对文化的高度重视。至于这里所说的"夷狄",并不是针对某个民族或国家,只

---

① 《论语·八佾》。
② 《论语·先进》。
③ 《论语·八佾》。

是对缺少文化的民族或国家的泛称。这里强调的是文化,而不是国家,更不是君主权力。《论语》中又记载:"子欲居九夷。或曰:'陋,如之何?'子曰:'君子居之,何陋之有?'"①"九夷"属于荒蛮之地(大约指山东到浙江沿海一带),其简陋是可想而知的,但孔子的真正意思是到那里建设文化,复兴礼乐。只要有"君子"在那里提倡和发展文化,就不会简陋了。这也是孔子的"自许"。

三、人文关怀

在礼的学说中,孔子最重视的是仪礼或礼仪,其中包括各种仪式。这是孔子人文思想的重要组成部分,具有社会群体性的特点,同时又有深刻的宗教精神。

礼之中包括了各种行为规范,正是这些规范约束人们的行为,调节人与人之间的关系,同时也协调人与自然的关系,形成人与人、人与自然之间的整体和谐,同时也陶冶了人的性情,使人生活得更加快乐,更加有意义。

首先,礼是规范人的社会行为的。这种规范作用使人成为社会的人,成为文明礼貌的人,同时使人的内在情感需要得到合理的表现,具有社会理性特征,从而维持人与人之间的和谐一致,体现良好

---

① 《论语·子罕》。

的社会风气。"礼之用,和为贵。先王之道,斯为美。小大由之。有所不行,知和而和,不以礼节之,亦不可行也。"①这是孔子的学生有子的话,但是,能代表孔子的思想。意思是,礼的作用,以和谐为贵,先王之道,以此为美。不管大事小事,都应当按礼而行,才能达到和谐。如果不能按礼而行,一味地为"和"而"和",不用礼进行调节,就会一团和气,没有原则,那也是行不通的。

就现实性而言,人都是生活在一定的社会组织结构之中,生活在群体的相互关系之中。人要享受到生存的权利,就要尽到生命的义务。礼就是调节人的权利和义务的,它体现了人的生命关怀,相互之间以礼相待,就会感到人生的意义和价值。这也是人的德性的实现,反过来又能培养和提高人的德性。人的自我价值是在相互的礼节、礼仪中得到相互承认的,也是在相互承认中得到实现的。

毫无疑问,礼具有一定的"约束"作用。这种"约束"是不是限制了人的自由呢?这关系到如何理解"自由"的问题。实际上,世界上没有绝对的自由,自由并不是为所欲为,更不能侵犯别人的自由。任何人都不是孤立的"存在者",人不仅生活在一定的社会群体之中,更生活在一定的文化之中,人是"文化的动物"。礼就是中国文化的体现和标志。礼能使人得到"有限"的自由,但也是愉快的自由,在礼的调节之下,使个性得到发展。孔子说:"恭而无礼则劳,慎而无礼则葸,勇而无礼则乱,直而无礼则绞。君子笃于亲,则民兴于

---

① 《论语·学而》。

仁;故旧不遗,则民不偷。"①意思是,恭顺而不知礼,则只是劳累;谨慎而不知礼,则只是懦弱;勇敢而不知礼,则会盲动出乱;直爽而不知礼,则会伤人。"君子"即有道德的人,以深厚的情感对待亲人,人民就会兴发仁德;不忘记和遗弃他的同事、朋友,人民就不会对人冷淡而无情。这里有两层意思。

一层意思是说,礼作为人与人之间的行为规范,在任何具体场合下都是有分寸、有原则的,它并不限制人的个性,但是能使人的个性得到合理的表现,这样才能互相尊重。恭、慎、勇、直都是一些好的品质,但是,如果不节之以礼,任其发展,就会影响到与别人的关系。如果使这些品质在礼的规范之下表现出来,就会受到别人的尊重。事实上,世界上的各个民族和国家,都有各自的"礼俗",成为维持人们之间相互关系的纽带。在中国,这样的礼就更多更细,所谓"礼仪三百,威仪三千"②,就反映了这一点。虽然很"烦琐",但这些礼却体现社会文明的程度。在孔子看来,礼之所以重要,就在于它是维系人际关系的纽带,体现社会文明的标志。

第二层意思是,礼就其实质而言,是表达人的情感的最重要的形式,也是满足情感需要的基本保证。"君子"则是实践礼的社会典范,具有很强的示范作用。如果"君子"能够自觉地实践礼,做出表率,那么,人民就会跟着做。孔子特别提出"笃于亲"和"不遗故旧"

---

① 《论语·泰伯》。
② 《中庸》。

正说明礼是表达情感的,礼之所以形成,就是出于人的情感需要。而"亲"和"故旧"是人群关系中之最近者。人人都有亲族和同事、朋友,这种亲情和同事、朋友之间的礼,是人们生活中不可缺少的。这不是说,亲族和故旧之外,没有其他的人际关系;更不是说,与他人之间可以不讲究礼。这只是就最近的关系举例以说明罢了。比如孔子在路上看见穿孝服的人,他一定改变态度,表示同情;看见行丧之人经过,他会很恭敬地扶着车子的横木,表示哀悼;在死者亲属旁边吃饭,则"未尝饱也"①。所有这些,都表示对他人遭遇的同情和关心。这正是礼的作用所在。如果人民都能这样做,就会体现出社会的文明程度和亲和力,而不至于淡漠。

四、宗教精神

礼仪中最重要的是祭祀之礼,而孔子谈论最多的也是祭祀之礼。《论语》中说:"所重,民、食、丧、祭。"②这说明,除了人民和吃饭这个基本问题之外,孔子对丧祭之礼十分重视。祭祀之礼从性质上说,是一种宗教仪式,但是,却有强烈的人文关怀,并不是纯粹的原始宗教。孔子认为,这种礼仪是神圣的,"祭如在,祭神如神在"③。

---

① 《论语·述而》。
② 《论语·尧曰》。
③ 《论语·八佾》。

祭祀祖先时，就如同祖先真的在那里；祭神时，就如同神真的在那里。这是一种很虔诚的态度。祭祀之前必须斋戒，祭祀之中必须虔敬，决不可草率而漫不经心。"子入太庙，每事问。"①当时有人讥笑说，谁说邹大夫叔梁纥之子懂礼呢？进了太庙，事事都要问别人。孔子听后说："是礼也。"不是因为孔子不懂那里的礼，而是这样做本身就是礼。这说明，孔子不仅很懂礼，而且有一种很虔诚的宗教情感。

祭祀包括祭天、祭地、祭山川鬼神和祭祖（鬼神并不等于死去的祖先）等多种方式，不同地位的人有不同的祭祀对象和规模、仪式，这表现了礼的等级性；但是，祭祖却是共同的，而且是神圣的。对于有些从古代传下来的祭祀仪式，孔子是遵守的。有些礼仪已经发生了变化，或者名存实亡，但孔子仍要坚持。这是为什么？因为孔子看中的正是其中所体现的人文化的宗教精神，特别是人的终极关切。祭礼不仅关系到"养生送死"之事，而且关系到人的精神追求和寄托。在孔子看来，人类不仅从祭礼中找到各自的位置，而且找到了人生的归宿。这些礼并不是一套世俗化的社会架构，而是自然形成的；关于礼的学说也不是一套"建构"学说，而是从人们的习俗和需要中总结出来的。在中国春秋时期，人文精神高涨，已不再崇拜上帝（朝廷祭祀活动有些例外），但是，各种祭祀活动仍然存在。孔子创造了人文主义的仁学，但对于这些祭礼却表现了极大的尊重。

---

① 《论语·八佾》。

这不能用简单的"原始宗教"去解释,但其中确也有原始宗教的成分。这并没有什么可奇怪的。

有些礼,在当时已近于废弃,但孔子认为,对于今人的活动是有意义的,因此坚持不改。比如鲁国每个月初的"告朔"之礼(祭太庙),要用一只活羊。他的学生子贡提出,可以去掉活羊,孔子则坚决反对。"子贡欲去告朔之饩羊。子曰:'赐也,尔爱其羊,我爱其礼。'"①孔子反对人祭,但是对于羊,他却没有他的学生那么爱惜。他的主要用意,可能是为了勤于朝政而不至于荒政。又如"三年之丧",古已有之,孔子认为应当保留。他的学生宰我认为,三年丧期太长,影响生产和生活,改为一年就可以了。孔子问道,改了之后,吃稻粱米饭,穿锦绣绸缎,"于女安乎"? 宰我回答说:"安。"孔子说:"女安,则为之。夫君子之居丧,食旨不甘,闻乐不乐,居处不安,故不为也。今女安,则为之。"孔子认为,有道德情感的君子,居丧期间,心里哀凄,吃美味不觉得甜,听音乐不觉得乐,住在家里不觉得舒适,因此才不会这样做。如今你既然觉得心安,你就去干好了。宰我走后,孔子骂道:"予(宰我名)之不仁也! 子生三年然后免于父母之怀。夫三年之丧,天下之通丧也,予也有三年之爱于其父母乎!"②孔子主要是从父母之情和仁上论丧礼的。儿子生出后,三年才免于父母的怀抱,父母去世了,就应当以思念和报答之心去守丧。

---

① 《论语·八佾》。
② 《论语·阳货》。

如果有三年的爱父母之心，也就不觉得"三年之丧"时间太长了。人生活在世间，凡事要求得"心安"。"心安"是一个人内心对自己行为是否正当的判断标准。如果能感到"心安"，就会无所愧疚，说明自己的行为是正当的；如果心里"不安"，就会受到良心上的谴责，有所愧疚，说明自己的行为是不正当的。居丧之礼是最能说明这一点的。因为人莫亲于父母者，对父母的爱是发自内心的。如果缺少对父母的爱而在居丧时吃好的，穿好的，心里很"安"，那就是"不仁"。因此，"心安"还是"不安"，才是衡量礼的最后标准。

人是不能没有情感的，礼就是表达人的情感的社会形式，成为一种共同遵守的社会规范。父母死后，父子、母子关系已经不存在了，但是，父子、母子之情却并没有消失，并且需要一种形式来巩固、培养这种情感。礼不同于法的地方就在于没有强制性，但是如果违背了礼，就是违背了自己的心、自己的情，心里就会"不安"，一个心里充满"不安"的人，是不会得到人生幸福的。

其实，在生死、鬼神的问题上，孔子更重视生前之事而不是死后之事，更重视人而不是鬼。他的著名的"未知生，焉知死""未能事人，焉能事鬼"①以及"敬鬼神而远之"②等说法，使后人认为，孔子是一位对于鬼神"存而勿论"的怀疑论者或不可知论者。正因为如此，有些学者认为，孔子将现实的人类社群视为"终极关切"（如芬格莱

---

① 《论语·先进》。
② 《论语·雍也》。

特)。有的甚至认为,孔子摆脱了西方对超验的依赖,成为后现代主义的楷模(如郝大为、安乐哲)。

对于鬼神是否存在的问题,孔子确实持一种"不知"的态度;对于死后是否成鬼的问题,也是不置可否。但是,他又为什么如此重视葬丧祭祀之礼呢?为什么要坚持"生,事之以礼;死,葬之以礼,祭之以礼"①呢?又为什么要提倡"慎终追远"②呢?这是不是如同荀子所说的"神通设教",即明知死后无鬼,却以此教育无知的人民呢?

孔子确实将其关怀放在生前而不是死后,"生,事之以礼"才是最重要的。但是,丧葬和祭祀之礼又是不可缺少的,之所以必不可少,因为这种仪式不仅以其严肃神圣的形式表达了人的情感,而且满足了对永恒的追求,因此具有强烈的宗教精神,即通过对祖先的怀念与追忆,在经验世界之中,追寻超越性的生命价值,在有限之中,实现生命的无限与永恒。

在孔子和儒家看来,对父母和祖先的祭奠,意味着对其人生经验、人格品质和生命价值的继承和发扬,也意味着生命的延续,这样做就是将个人的生命与无限、永恒联系起来了。按照孔子的看法,天即自然界是生命的根源,人来源于自然界,死后又回到自然界。而自然界的生命创造是永不停息的,也就是永恒的,无限的,并且通过父子相续而得以实现。通过生者对死者的"慎终追远",即慎重地

---

① 《论语·为政》。
② 《论语·学而》。

对待死去的父母,追念远代的祖先,不仅能够使"民德归厚",而且表现了对自然界的神圣性的一种无限敬畏(敬畏天命),使个人的生命获得无限的意义。这正是礼能使人与宇宙自然界发生关系的一个重要方面。这既是人文主义的,同时又有宗教意义。

说它是人文主义的,因为礼归根到底是要解决人生的问题。从这个意义上讲儒学的"现世性"是完全可以的。孔子之重视仪式,主要目的是使人生具有意义,使社会更加文明,包括社群的和谐安定,重视生命的可贵。但是,人的生命不可能脱离宇宙自然,生死问题是人生的大事,不可能毫无思考,因此,便有对永恒的追求。孔子之所以对死后留下"悬念",决不是不重视死,而是为了正确理解"死"的意义。人不能体验死亡,孔子更不主张死后去享受神的福祉。在孔子看来,生与死的界限并不是绝对不可逾越的,人不是死后进入另一个世界,个体生命死亡了,但生命本身还是延续着。因此,死的意义可在生前的人生中找到答案,尽到人生的义务,完成了人生的使命,实现了人生的价值,正是为了实现死的意义,即死而不朽。

古人有"三不朽"之说,"最上立德,其次立言,其次立功"。孔子也是主张"不朽"的,但不是"灵魂不死"一类的宗教信仰,而是在生者的身上得到体现和继承,留在人们的记忆中,成为精神符号。死后之事虽不可知,但生前之事不仅可知,而且可为。而对死者的怀念,就是为了继续他的事业,完成他的使命,从而使生者活得更有意义。这既表现了生命的无限延续,又表现了精神文化的传承。这种"尽人事"而"积德",以至死后为人们所怀念、所追忆、所敬仰、所吸取，就是死的意义所在。可说是超越了生死，实现了永恒；超越了有限，实现了无限。

中国人重死后"留名"。"留名"并没有什么不好，好的名声就代表了"不朽"，但这要一生为之努力奋斗。个体生命是无法超越的，彼岸世界也是不存在的，面对死亡该怎么办呢？孔子认为，唯一的办法就是尽到人生的职责，完成人生的使命，对人类作出贡献，不仅生前能享受到人生之乐，而且死后能留下好"名"。孔子的学生曾子努力实践了孔子的教导，临死时叫弟子们"易箦"，"启予足，启予手"，然后说道："而今而后，吾知免夫！小子！"①这就是对他一生的一个总结，用今天的话说，就是"死而无憾"了。他既已走完了生命的历程，再叫一声"小子"，又意味着生命的传承。

孔子说："君子疾没世而名不称焉。"②君子最大的遗恨，就是终其一生而没有留下好的名声，不被人们所记忆、所称颂，也可以说，其一生的所作所为，与"君子"这个"名"不相称。"名声"就是一个人的生命意义的象征符号。生前的"名声"死后是不会消失的，虽然死者本人不知道，但活着的人是知道的，并且留在人们的记忆和文字中，可以传之久远，给后人带来精神力量。这就是死亡的意义所在。在孔子看来，死亡对个体来说，是生命的结束，但是对后代来说，则是生命的接续；死亡不是走向另一个世界，而是在同一个世界中的

---

① 《论语·泰伯》。
② 《论语·卫灵公》。

交接。从这个意义上说，"慎终追远"就是人的生命的终极性的追求，具有人文宗教的特征。而丧祭之礼，就是表达这种宗教情感的重要方式。这同死后成鬼、灵魂不死之类的"原始宗教"是两码事。

德治学说

孔子有"德治"之说。所谓"德治"，就是以"德"治国。这就要求治理者首先要有"德"。治理者有"德"，才有资格治国；否则，就缺乏理念上的"合法性"。可见，"德治"是建立在"德性"之上的。

孔子所开创的儒家学说，是德性之学，德性既是"为己"之学即完成理想人格的学说，又是"治国"之学，即以德性为基础治理国家，实现理想政治。"德治"是治理者的内在德性、人格修养在国家治理过程中的体现。这就是所谓"内圣外王"之学。

孔子的"德治"之学，严格说来是一种理想化的政治理念，并不是一套具体的社会政治理论。孔子并没有提出一套系统的有关"德治"的建构学说，只是提出了一些社会政治的理想原则。

一、"修己以安百姓"

在孔子看来，"德治"与"德性"，亦即"外王"与"内圣"之间好像是目的与手段的关系，但是仔细考究起来，并不完全如此。它是由内向外的推理原则，用后儒的话说，是体用、本末关系。即"德性"是根本，"德治"是结果；前者是内在根据，后者是外部作用。就是说，只有具备圣人之德，才能实现王者之治，也可以说"德性"是实现"德治"的必要条件。

理想的社会政治秩序是孔子所追求的，从"礼"的学说中已经看得很清楚。但是，从理论上看，孔子把圣人看得比王者更加伟大。圣人必能为王者，但实际上的王者未必为圣。这是据其理想的三代政治或更早的尧、舜之治而言的。"托古"而言政，是孔子政治学说的一大特色。后来的儒家无不如此。但这不能简单地理解为复古主义。这是借"复古"之名，阐述他们的政治理想。孔子说："大哉尧之为君也！巍巍乎，唯天为大，唯尧则之。荡荡乎，民无能名焉。巍巍乎其有成功也，焕乎其有文章！"①又说："巍巍乎，舜、禹之有天下也而不与焉！"②这是"托"古代圣人以表达他对理想政治的渴望。"巍巍""荡荡"都是对其伟大人格和业绩的形容。圣人是必有其治理业绩的。尧的业绩就如同"天"一样广大无边，人民无法形容其伟大。舜和禹富有天下，勤于为百姓着想，却毫不为自己打算。"德治"的极致就是"无为"，即没有许多烦琐的政策法令和事务，只是顺着百姓的意愿而行，就能天下大治。"子曰：'无为而治者，其舜也

---

① 《论语·秦伯》。
② 同上。

与？夫何为哉？恭已正南面而已矣。'"①这种"无为"，实际上是"无所为而为"，与"有天下而不与"是一致的，即只要为百姓的利益考虑而不为自己的权力和利益打算，就没有多少事情可做，只要端端正正坐在那里就可以了。这同道家老子的"无为而治"有相近之处，都是靠圣王个人的人格力量治理国家，但是缺乏具体的治理理论和国家学说。

尧、舜之治，只是一些传说，并没有历史根据。在上一章中，我们看到，孔子是重视证据的；但孔子虽然重视历史证据，在谈到"德"与"礼"的时候，仍然是理想化的。在现实中是没有这样的理想政治的，它只具有想象的可能性，因此，他以"托古"的办法，相信在理想化的古代社会中存在过圣人之治。但周公是最后一位圣人，在孔子看来，周公之治就是"德治"，周公之政就是"德政"。"周之德，其可谓至德也已矣。"②孔子讲这句话时，具体是指文王而言的。文王时周只是殷朝的一个附属国，但由于文王实行"德治"而不用武力征伐，因此，"三分天下有其二"，即天下有三分之二的土地和人民都归顺了周，因此才能统一天下。统一后的周朝，则是按周公的"德治"而兴盛的。

所谓"德治"或"德政"，按照孔子的说法，其根本宗旨是"修己以安百姓"。《论语》中载：

---

① 《论语·卫灵公》。
② 《论语·泰伯》。

子路问君子。子曰"修己以敬。"曰："如斯而已乎?"曰："修己以安人。"曰："如斯而已乎?"曰："修己以安百姓。修己以安百姓,尧、舜其犹病诸?"①

这里,"修己"是最根本的,只有"修己",才能"敬",才能"安人",最后才能"安百姓"。所谓"敬",是做事严肃认真,特别在治理国家时,要"敬事而信,节用而爱人,使民以时"②。即严肃认真地怀着敬意去对待工作,讲信用,无欺诈,节约用费,尊重和爱护人民,需要老百姓服劳役时,要讲究季节,不能影响农时。所谓"安人",是指从事具体工作时,要使相关的人感到安乐,而不至于劳累、痛苦或不安。但作为治理国家的君子,最终要"安百姓",要使人民感到安乐,这是"修己"的最终结果。要做到这一点是很难的,连尧、舜这样的圣人都怕做不到,何况非圣人者。这虽然很难,却是必须做的,这才是"君子"的真正使命。这里有一个基本前提,就是只有"修己",才能"安百姓";若不能"修己",则不能"安百姓"。治理国家虽不是君子的根本目的,但是"安百姓"却是君子的根本目的。君子不治理国家则已,若要治理国家,则必须以"安百姓"为根本目的,并且以百姓是否感到安乐为其治理好坏的标准。这里又一次体现了孔子的民本主义思想。

"修己"以"安百姓",就是以仁德治理国家,对人民实行仁爱,因

---

① 《论语·宪问》。
② 《论语·学而》。

为,仁是君子的根本德性。后来的孟子,便从中发展出"仁政"学说。"德治"或"德政"的精神实质是尊重人民的生存权利,保证人民的生存需要,尊重人民的意愿和人格尊严。这虽然不能与现代的民主政治相提并论,但是,在人民的人格尊严应当受到尊重这一点上,与民主政治有相通之处,可视为古代民主政治的重要因素。孔子承认,人民有自己的自由意志、独立人格,人民的自由意志和独立人格是不容侵犯的。"三军可夺帅也,匹夫不可夺志也。"①这里所说的"志",就是人民的自由意志,体现了人民的人格尊严。

理想的"德治"社会,是一个和谐而有秩序、有"文章"的文明社会,如同天上的星星,围绕着北极星旋转,而又群星灿烂,和谐相处。"为政以德,譬如北辰,居其所而众星共之。"②就是形容这种理想政治的。北辰是指北极星,相对而言处在最稳定的中心位置,其他众星都环绕着它旋转,和谐而有秩序,稳定而又运转,在孔子看来,这是最理想的状态了。

二、主张"富民",反对"聚敛"

"德治"在经济上的体现就是"富民"政策,使人民享有财产权,就能够保证社会的稳定。在孔子时代,有没有土地私有制,人民有

---

① 《论语·子罕》。
② 《论语·为政》。

没有土地私有权,缺乏足够的材料;但是,人民有私人财产,应当是
肯定的,而孔子是主张"富民"的。当然,在"富民"的同时,还要伴之
以教化,使人民知道道德的重要,提高道德素质。《论语·子路》
记载:

> 子适卫,冉有仆。子曰:"庶矣哉!"冉有曰:"既庶矣,又何
> 加焉?"曰:"富之。"曰:"既富矣,又何加焉?"曰:"教之。"

"庶矣"是感叹人口之稠密、众多,但人口众多之后又该怎么办呢?
孔子的回答是使其富裕起来。所谓"富之",显然是指人民而言的;
使人民富裕起来,当然是增加他们的收入,改善他们的生活。富裕
之后又该怎么办呢?孔子的回答是"教之",即对人民进行教化,提
高他们的道德素质。这里,"庶矣"是既成事实,可能是自然增长的
结果,也可能是社会治理的结果,至少是没有遭到战争的破坏。古
代人口稀少,再加上春秋时期战争连年,人口大量减少,所以,人口
问题显得很突出。孔子的"徕远人",就是主张争取人民,增加人口。
人口众多,就是国家富强的重要条件。但是,真正要使人民富裕起
来,则是对执政者的要求,是"德政"的重要内容。"富民"和"教民"
都是重要的,但是,这里还有一个先后次序的问题,首先必须使人民
富起来,然后才能谈得上教化的问题,这就是先富而后教。

实行"德治",还必须要讲诚信,使人民感到可信,而不是口上说
一套,另外又做一套。孔子在提倡仁义的同时,还提倡忠信,仁义忠
信都是德性的内容,也是德治的内容。当然,仁居于核心地位。不

仅对在上者要讲忠信,对人民也要讲忠信。《论语·颜渊》记载:

> 子贡问政。子曰:"足食,足兵,民信之矣。"子贡曰:"必不
> 得已而去,于斯三者何先?"曰:"去兵。"子贡曰:"必不得已而
> 去,于斯二者何先?"曰:"去食。自古皆有死,民无信不立。"

"足食""足兵""民信之"都是为政者的要务。就其为政的先后顺序
而言,首先应当是"足食",即是使人民有足够的粮食,生活无顾虑。
这是"安百姓"的根本一条。其次才是"足兵",即有足够的军队以保
障国家安全。至于"民信之",就为政者来说,则是贯彻始终的,并不
是"足食""足兵"之后再取得人民的信任,更不是"去食""去兵"之后
才取得人民的信任。这是一个如何为政的"推论",意思是,为政者
应当始终取得人民的信任,只有取得人民的信任才能实施政令,即
便是在不能"足食""足兵"的情况下,也要取得人民的信任,因为"民
无信不立"。这说明失去人民的信任,就什么也做不成了,决不是
说,让人民吃不饱饭,才去讲"信"。

至于如何使人民"富"起来,孔子并未提出具体的方案。但是,
孔子主张为政者必须实行廉政,取之有道,用之有道,坚决反对横征
暴敛,贪污腐败。这正是取信于民的重要条件。在孔子看来,当时
有些人暴富,如季氏之"富于周公",就是"聚敛"的结果,而不是什么
改革的结果。减轻人民的负担,这是孔子"为政以德"的一个重要方
面。《论语》记载:

> 哀公问于有若曰:"年饥,用不足,如之何?"有若对曰:"盖

彻乎?"曰:"二,吾犹不足,如之何其彻也?"对曰:"百姓足,君孰

与不足? 百姓不足,君孰与足?"①

"彻"究竟是一种什么性质的税收制度,过去有很多争论,有人认为
是什一之税,即十分抽一的办法。根据哀公所说"二,吾犹不足"看
来,以十分抽一的税法为"彻"是有根据的。有若对哀公的回答代表
了他的老师孔子的观点,其基本精神就是减少人民的负担。"藏富
于民"是儒家的一贯主张,只要老百姓富足了,在上者哪有不足的?
如果百姓贫穷了,在上者怎么能够足? 这实在是一个政治经济学的
问题。从这里可以看出孔子"德治"在经济上的一些主张。

有人说,儒家主张"重农"而反对商业经济,阻碍了中国市场经
济的发展。这种看法不完全符合事实,至少是把后来封建王朝的某
些经济政策与孔子和儒家的"德治"学说混为一谈了。事实上,孔子
并不反对商业。他本人就说过:"富而可求也,虽执鞭之士,吾亦为
之。如不可求,从吾所好。"②谁都知道,从事商业是最容易致富的。
有人将"执鞭之士"解释成市场的守门人③,是有道理的。这里的"求
富",显然是指个人,并不是为别人或朝廷求富。大概是市场的守门
人即"执鞭"者天天和商人打交道,了解市场行情,最容易致富吧。
但是不是还有另外的解释,也很难说。比如春秋时商业发达,大商

---

① 《论语·颜渊》。
② 《论语·述而》。
③ 杨伯峻:《论语译注》,第 69 页。

人运送货物,难道不用马来运输吗?总而言之,"执鞭之士"是同商业市场有关的。这说明孔子并不反对商业,而且如果有机会,他也想从事商业活动。但是,他反对"不义而富且贵",这样的富贵,"于我如浮云"①。求富贵,要"得之以道"。"富与贵,是人之所欲也;不以其道得之,不处也。贫与贱,是人之所恶也,不以其道得之(实为'去之'),不去也。"②孔子承认,欲富贵而恶贫贱,是人之常情,无可指责,但要"以其道得之"。这里所谓"道",也就是"义",即正义、正当的意思。孔子决不认为商业本身是"无义"或"无道"的,他所说的"道"和"义",是指社会的公正或公义。孔子既然主张"富民",而且表示他本人也愿意从商(他当过"大夫",大概不可能),就说明商业本身无可厚非,更不反对人民从事商业。

实际上,他的学生之中,就有子贡这样的大商人。子贡之富,可与诸侯"分庭抗礼"。他不仅对当时的经济发展作出了重要贡献,而且做了许多对社会有益的事情,因而受到当时人们的尊重,甚至有人说,子贡"贤于仲尼"③。子贡又是孔子弟子中很出众的一位,被列入孔门四科中的"语言"科。他很好地实践了孔子的学说。他对当时的社会政治发表评论,以及在经商中所做的许多事情,就是以孔子的"德治"学说为依据的。有人把孔子评子贡的"赐不受命,而货

---

① 《论语·述而》。
② 《论语·里仁》。
③ 《论语·子张》。

殖焉,亿则屡中"①说成是对子贡从事商业的批评,这正是受了"儒家轻商说"的影响。其实,孔子的这句话只是陈述了一个事实,基本上是正面的。所谓"不受命"是不受官命,不是不受"天命"或命运之类。子贡虽做过官,但他并不受此约束,经常来往于各国之间,经营商业。据《说苑》记载,子贡在卫国做官时,卫国发生了内乱,他就自行跑到鲁国经商去了。这正是不受命的证明。孔子并不要求自己的学生一定都去做官,有的学生不去做官,反而受到孔子的表扬。因此,对于子贡的"不受命",并无批评之意,至于对子贡"亿则屡中",即预测市场变化的能力,则给予了充分肯定。

三、主张"德化",反对"刑罚"

孔子"德治"学说的一个重要内容,就是主张"德化",而反对用刑罚去对待人民。"德化"既体现了对人民的重视,也体现了政治的文明程度,因此,孔子十分强调"德化"的作用。

在孔子看来,"德化"是一种亲民政治,首先要关心人民的切身利益和疾苦,"因民之所利而利之,斯不亦惠而不费乎?择可劳而劳之,又谁怨?"②人民得到实际利益,就会亲近并愿意出力,如果需要老百姓付出劳动而又合理,他们就会毫无怨言。有人说孔子不讲

---

① 《论语·先进》。
② 《论语·尧曰》。

"利"，实际上孔子是讲"利"的，但要以人民的利益为利益，而不是以统治者的个人私利为利益。只要以人民的利益为利益，就是合于"义"。

要做到这一点，还要以恭敬的态度对待人民，而不可随意使用人民。"出门如见大宾，使民如承大祭。"①这是对待人民应有的态度。"见大宾"是一件很严肃的事，"承大祭"则是神圣庄严的事，对待人民如果能够像"见大宾""承大祭"一样，严肃而恭敬，就会得到人民的支持。人民虽然不是政治主体，不能决定国家的大事，但是，人民并不是进行统治的对象，也不是供统治者使用的工具。人民不仅有他们的实际利益，而且有他们的各种愿望，这才是值得认真考虑的。只有满足了他们的利益，实现了他们的愿望，才能实现"德化"的目的。

"德化"从一定意义上说就是"教化"，通过"惠民"政策，统治者以其实际言行使人民受到感化，就会在社会上形成讲道德的风尚。孔子提倡"德教"而反对"刑罚"，一方面表现出维护等级制的立场，另一方面却又表现出民本主义的精神。前者反映了古代社会的历史现实，无法超越；后者是"德治"的本质要求，体现了孔子学说的精神。孔子说："道之以政，齐之以刑，民免而无耻；道之以德，齐之以礼，有耻且格。"②这是说，如果仅仅以政策法令引导人民，以刑罚规

---

① 《论语·颜渊》。
② 《论语·为政》。

整人民,人民只能表面上服从而免于罪过,但没有廉耻之心;如果以道德、德性引导他们,以礼义来规范他们,人民不但有廉耻之心,而且能够心悦诚服。在孔子看来,使用刑罚,并不是治理国家的最好方法,更不是唯一方法。治理国家的根本方法,应当是以"德"引导人民,以"礼"规范人民,使人民有荣辱感、廉耻感,能够自觉自愿地从事各种活动,这样就能营造一个和谐的社会秩序,形成良好的社会风尚。

所谓"教化",是指为政者通过自己的实际言行起到一种表率作用,使人民有所遵循,有所仿效,并不是对人民进行一套道德说教,更不是对人民说一套,自己却另做一套。这样的"说教",不仅不能起到教化人民的作用,而且适得其反,只会失去人民的信任。在孔子看来,一种良好的社会风尚的形成,在位者的表率作用是很重要的。自己如果不能以德服人,而要求人民有德,那是很难的,也是不可能的。《论语》载:"季康子患盗,问于孔子。孔子对曰:'苟子之不欲,虽赏之不窃。'"[1]季康子是鲁国的执政者,苦于盗贼太多,向孔子请教怎么办,孔子回答说,如果你不贪求,即使是奖励他们偷盗抢劫,他们也是不会干的。孔子的意思是,如果为政者依靠权力,贪得无厌,做不到廉洁,就会出现社会的不公正,就会有人偷盗抢劫,社会就不会安宁。统治者如果用刑罚去制服他们,他们心里也不会服,从而形成恶性循环。这就是孔子为什么提倡"德化"的原因所

---

[1] 《论语·颜渊》。

在。总之，在孔子看来，社会的道德风尚，是靠在位者的德行来维持的，不是靠别的办法来维持的。因此，他说："君子之德风，小人之德草。草上之风，必偃。"①在《论语》中，"君子"一般指道德高尚的人，这里所说的"君子"，不仅是道德高尚的人，而且是在位者。按照孔子的逻辑，在位者应当是道德高尚的人，在位者的道德作风好比风，老百姓的道德作风好比草，风怎么刮，草就怎么倒。这就是二者的关系，也是"德教"的用意所在。

重德教而轻刑罚，重榜样而轻政令，重文教而轻武力，这是儒家的一贯主张，其倡导者就是孔子。春秋时期，各国都在争夺人民，以使自己的国家强大起来。孔子认为，要使人民归服于自己，最根本的办法就是"修文德以来之"②，即靠文化与德治吸引他们，而不能用武力。因此，当卫灵公向他请教"兵阵"之事时，他毅然决然地离开了。

但战争总是经常发生的，孔子并不能禁止战争；战争也总是要由人民充当军队的，真正上阵打仗的是人民。对此，孔子也是强调"教"而后战，不能让人民只去当"炮灰"（当时无炮，只用刀剑之类）。孔子说："善人教民七年，亦可以即戎矣。"③意思是，对人民只有经过长期的教导，才可以叫他们去作战。"以不教民战，是谓弃之。"④如

---

① 《论语·颜渊》。
② 《论语·季氏》。
③ 《论语·子路》。
④ 同上。

果不对人民进行教导和训练，就叫他们去作战，这等于抛弃他们，也就是残害生命。这里也反映出孔子对待人民的态度。其中的潜台词是，要使人民知道战争的性质和意义，不能不问是非就去作战；至于作战的训练，虽然也很重要，但可能还在其次。

"德治"社会从根本上说是"人治"社会，因此，为政者的德性修养就成为决定性的因素。孔子提出一种"举贤才"①的主张，就是渴望实现一种贤人政治（即精英政治）。但是，如何"举贤才"？如学生仲弓所问，"焉知贤才而举之"？孔子只能回答："举尔所知；尔所不知，人其舍诸？"②意思是，如果大家都知道贤才之重要而"举"之，那么，贤才就会脱颖而出了。实际上，"贤才"是建立在一定的社会价值之上的，而且需要一种制度上的保证。在人治的社会里，究竟有多少真正的贤才被"举"上来，这是一个问题。史书上有"举贤不避仇""举贤不避亲"以及"举不失德"③之说，但这只是一个"典范"，这样的"典范"并不能保证在现实社会中所举者皆为贤人。按照孔子的学说，贤才能否被"举"，其关键仍然被归结为普遍的社会价值的建立上，普遍社会价值的建立又被归结为"德治"之上，而"德治"又是由个人的德性修养决定的。

可见，孔子的"德治"理想，归根结底是建立在内在修养之上的，

---

① 《论语·子路》。
② 同上。
③ 《春秋左传·宣公十二年》，《春秋左传集解》第 2 册，上海：上海人民出版社 1977年版，第 585 页。

是以个人"德性"为前提的。如果没有这个前提，一切都是空话。正因为如此，孔子把德性修养看得特别重要，以"德之不修"为最大的忧虑。德性修养的核心，不是别的，就是仁德。仁的基本内容就是"爱人"①。这样看来，孔子的"德治"学说，说到底就是将仁德实现出来，行之于社会政治，以爱民、亲民为其根本内容。而仁德之修养，就成为首要问题了。后来，孟子从中发展出"仁政"学说，也就顺理成章了。

四、"德性"与"德治"的关系

（一）孔子的"德性"与"德治"说，都是理想主义的，这可以说是儒家"内圣外王"之学的最初形式。孔子的理想是圣者为王，以其德性治理国家。在古代中国未能建立起"法治"社会的情况下，统治者常常用"刑罚"（"刑罚"决不等于法治）对付人民。孔子提出"德治"学说以反对"刑罚"，是可以理解的。

但是，"德性"与"德治"能不能实现如同孔子所说的那种理想的状态，则是一个很大的问题。事实上，"德性"与政治，"内圣"与"外王"是两种不同性质的问题，二者并没有逻辑上的等价关系，也就是说，"德性"并不是"外王"的充分必要条件，而只是一个必要条件。

---

① 《论语·颜渊》。

真正说来，"德性"是个人修养问题，靠个人的信念和自觉努力。由"德性"而形成的伦理，是一种"德性伦理"，这是儒家伦理的一个重要特点。它在解决人们之间的相互关系中具有重要作用，对政治也有很大意义。但是，它并不能代替政治。"外王"之学是要解决客观的社会结构方面的问题，属于"公共事务"，包括各种社会阶层、集团、社群以及个人和国家之间的关系问题，特别是政治、经济利益关系问题，以及权利和义务的分配问题、组织管理问题等。这就需要一套客观的理性原则及其程序化、形式化的规则，只靠个人德性是很难解决这些问题的。因为二者是属于不同性质的问题。所谓社会政治的"理性法则"，是对客观存在的经济结构、社会关系和政治权利等等的理性认识，以及建立于其上的一系列架构理论。这种原则需要一些前设条件，比如"理性人""契约"和社会公正等等之类。这同将人视为"德性主体"以完成德性人格那种认识是不同的。前者所要处理的是"公共关系"，后者所要解决的则是个人的道德行为。"德性主体"并不等于"政治主体"。人人都可以成为"德性主体"，如同孔子所说，"我欲仁，斯仁至矣"。但是"政治主体"就是另一回事了。只有在民主政治的架构下，人民才能成为"政治主体"，而在君主专制下，人民只能处于服从地位。在这种情况下，二者的关系就不是对等的，反过来说，真正处于统治地位的政治主体，能不能成为所希望的德性主体，也就很难说了，而且，权力和德性之间并没有任何等价关系，实际情况可能相反。

总之，政治行为与道德行为是不同层面的问题，政治家应当具备良好的道德品质，"德性"是政治行为的重要前提；但是，只有个人的优良品质，并不能保证政治活动的成功。这里最重要的是，还需要一套政治理论和设施，而这一点正是孔子和儒家所缺乏的。他没有提出政治运作的架构理论，更没有提出对权力的限制，只靠在重要时刻可以"犯君""不可则止"，并不能解决根本问题。

（二）现代社会是民主法治的社会，这是历史发展的潮流，也是历史进步的标志。在市场经济条件下，"法治"是唯一正确的选择。从这个意义上说，孔子的"德治"学说已经失去了存在的社会条件。但是，这并不意味着这种学说失去了任何价值。只要完成"法治"建设，将孔子的"德性"与"德治"之学做出必要的分解，那么，它的意义是非常重要的。

"德性"学说是儒学中最有价值的部分，也是儒学的基本核心，对于提高人的境界、实现人生价值、培养道德人格具有重要作用。这是孔子对人类作出的贡献。中国没有西方式的宗教信仰，但是，有对信仰问题的需要和解答。孔子的"德性"学说就是解决这个问题的。它不仅提供了解决伦理道德问题的理论依据，而且提供了解决人民的终极价值以及如何实现终极价值的方法。人民不仅要过一种物质生活、社会群体生活，而且要实现个人的价值理想和追求，要过一种德性生活。儒学重视人的内在价值和潜力，以"成圣"为最高诉求，经过现代解释之后，可以成为现代人最宝贵的精神资源。现代人不必成为古代式的"圣人"，以"成圣"为生活目的，但是不能没有人生理想。正好相反，现代人最需要的，正是价值理想和追求。

（三）孔子的"德治"学说,亦有其重要的价值。如果同现代"法治"建设相结合,使二者相辅而行,并且为之提供价值指导,则有助于建设现代的文明社会。具体地说,有两方面意义。

一方面,"德治"学说中的人本主义精神可以成为"法治"建设中的价值指导而发挥其重要作用,特别是以"仁"为核心的德性伦理,不仅可以成为政治伦理的重要基础,而且能够为法治中的平等原则增添新的内容。尊重人、尊重人的价值,是儒学中最值得我们重视的部分,是孔子"德治"学说的精髓。在过去君权统治的时代,人民虽然不能成为民主社会那样的政治主体,但是在儒学的浸润下,在一定程度上能够享有道德上的尊严和人格的尊严。在现代民主法治社会,人民应当成为真正的政治主体,同时又是德性主体,这样,不仅享有政治上的民主自由和法律上的一切权利,而且能享有人格上的尊严,信仰上的自由,使"法治"建设更具有人文精神。

另一方面,"德性"学说中的人文因素,能够全面提高人的道德素质,特别是执法者的道德素质,从而保证法律能够公正而有效地得到实施。道理很简单,无论在什么样的社会,人的因素都是最重要的,法律也是靠人来执行的。孔子的人文关怀为我们提供了丰富的精神财富。中国人过去有悠久的人文传统,无论从事何种工作,首先要做一个讲道义的人。在现代社会,人不应当成为法律的工具。法律应当与道德结合起来,由人的道德素质加以保证。从某种意义上说,人的道德素质在执法的过程中起决定性作用,这既包括强烈的责任意识,又包括法律中和执法中的公正原则。因此,不仅要提高法律意识,而且要提高道德意识。

　　总之,孔子的"德治"学说,虽然有一个将个人修养与公共政治区分开来的问题,但是,"德性"学说不仅是个人的,而且是公共的,"德性"伦理需要在社会政治生活中才能实现,而德性伦理在政治生活中的运用,就是所谓"德治"。在建设现代"法治"社会的同时,如果能融入"德治"的精神,使其获得新的生命,那么,它必将成为现代社会最重要的价值资源而指导人类的生活。

文艺思想

　　古代中国,是一个文学艺术十分发达的国家,被称为"诗书礼乐之邦"。其文化,是诗性文化,不是所谓科技文化,也不是西方式的宗教文化。这当然不是说,其中没有宗教性的内容。

　　作为中国文化的开创者,孔子是一位伟大的思想家,又是一位多才多艺的艺术鉴赏家、评论家和实践家。他对诗歌、音乐和各种文学艺术都有精深的见解和爱好,能歌会舞、擅长演奏,兴趣广泛、博学多才。他提出了一套影响中国文化发展的文艺观。

一、广义的艺术观

　　孔子有一句非常重要的话,就是我们在《天人之学》一章中引用过的"志于道,据于德,依于仁,游于艺"。在讨论孔子的天人之学时,我们只讨论了"道""德""仁"的意义及其关系,但是,没有讨论"艺"。其实,孔子将"艺"和"道""德""仁"放在一起谈论,是有重要意义的。这不仅表明他对"艺"的重视,而且表明了他的艺术观。"艺"字的意义很广泛,既可以指"六艺",又可以指广义的艺术。

孔子对待艺术的态度同柏拉图是截然不同的。柏拉图推崇理性,将艺术排斥在哲学理性之外,置于最卑贱的地位。但在孔子看来,艺术不仅不是卑贱的,而且对于人格的形成是非常重要的,对于社会文明程度的提高是必不可少的。不仅如此,"艺"还是"传道"的重要途径。孔子一生,以"志道""传道""行道"为最高职志;但是,"道"并不在艺术生活之外,而是通过艺术人生得以体现的。"游于艺"便是传道、行道的重要途径,决不是无关紧要的小事。

孔子所说的"艺",是广义的艺术,不是指狭义的艺术,如同今人所谓严格分工意义上的艺术,即某种专门艺术。但是,它也有某种分类的意义。上海竹简中的《性情论》有云:"《诗》有为为之也。《书》有为言之也。《礼》《乐》有为举之也。圣人比其类而论会之,观其先后……"①这说明,诗、书、礼、乐之间有"类"的分别。但是,它们又是交融会合的,都可以归之于"礼乐文化"。

具体一点说,孔子所说的"艺"是指"六艺",即礼、乐、射、御、书、数。(更高层的"六艺",便是后来所说的"六经"。)这是孔子教育学生的重要内容,同时,又是孔子从事艺术实践活动的重要内容。孔子一生的实践活动是多方面的,但是,艺术活动是其一生中最重要

---

① 马承源主编:《上海博物馆藏战国楚竹书》,上海:上海古籍出版社 2001 年版,第232—233 页。

的活动之一。

"六艺"中的"礼",就是"立于礼"之礼。前面我们单独讨论过,但那是从制度、伦理和宗教层面讲的。礼还有一层意义,就是艺术化的生活。孔子说过:"兴于诗,立于礼,成于乐。"①他认为,"诗""礼""乐"对于人格的成长至关重要,是君子人格的必要条件,所以要按顺序而学。儒家所说的"诗教""礼教""乐教"就是由此而来的。礼主要指周礼,而孔子着重取其"文",即"郁郁乎文哉"的人文内容。礼是一个人立身行事、与人交往的基础,包括各种礼节仪式,其中便有歌舞一类的内容。每行大礼,必有歌舞(如干戚之舞)。祭祀活动,也体现了"文"。可以说,礼体现了艺术化的生活方式。

礼从根本上说是由"情"而生的。《郭店楚简》和《礼记》中有大量论述礼的文字,其中的一个基本观点就是"礼生于情"或"由情而生"。情感被认为是一切艺术和诗学的根源。那么,生于情之礼从根本上说也是艺术的、诗性的(当然也有宗教性的一面)。如果把礼仅仅理解为一套客观制度和伦理规范,那就未免太狭隘了。礼有多方面的内容,制度和规范无疑是其中的重要内容;但是,礼还有另一个重要作用和功能,就是通过各种仪式使人提高艺术修养,过一种艺术化的生活。礼的人文精神,就表现在这个方面。

"文"和"艺"是联系在一起的,合起来就是"文艺"。广义的"文"指人文,同时也是一种文学。子贡说,"夫子之文章,可得而闻也"。

---

① 《论语·泰伯》。

"文章"就是以人文精神为主要内涵的文学语言。上海竹简《孔子论诗》中有一段话:"孔子曰:'诗亡(即无)离志,乐亡离情,文亡离言。'"①这正是讲"文"和"艺"的。所谓"志"是指情志,所谓"情"是指情感,所谓"言"是广义的文学语言。"诗"是表达人的情感需要和愿望的,故"不离志";"乐"是表达喜怒哀乐之情的,故"不离情";"文"是表达思想交流情感的,故"不离言"。其实,三者是紧密相连的,都和礼有某种关系。《论语》又记载:"子所雅言,诗、书、执礼,皆雅言也。"②这里所谓"雅言",是对俗言而言的。有人将"雅言"译成春秋时期诸侯各国通行的普通话③,可能有根据。但是,各国语言既然不通,如何才能保持一种普通话呢?只能是一种比较高雅的文学语言。各国语言虽然不同,但《诗》《书》和能够实践的《礼》则是可以读懂的,也是能够言说的。"文质彬彬"的"文",也是指礼而言的。"文"就是文章、文采,如同虎豹身上的彩色斑纹,能给人以美感。礼就是使人的生活具有文采,提高生活的品位,使人更加文明。

"六艺"中的"乐",是指音乐。音乐在中国古代文化中占有独特的地位,是儒家经典之一。"乐经"后来虽然失传了,但孔子时代不仅存在着"乐",而且是孔子从事文化教育活动的重要教材。孔子晚年整理过古代文献,"乐"就是其中之一。孔子说:"吾自卫反鲁,然

---

① 马承源主编:《上海博物馆藏战国楚竹书》,第123页。
② 《论语·述而》。
③ 杨伯峻:《论语译注》。

后乐正,雅、颂各得其所。"①乐和诗是分不开的。《诗经》中有风、雅、颂,其中的雅、颂都是配有乐曲的,不仅诗有雅、颂之分,单从音乐的角度看,也是有雅、颂之分的。所谓"乐正",就是进行分类整理,使雅、颂各归其类,而不致相混。

音乐的产生出于人的情感需要,而音乐的功能在于调节人的情感,使人享受到快乐。因此,快乐之"乐"与音乐之"乐"是有密切联系的。从字源学上看,快乐之"乐"是由音乐之"乐"来表现的。音乐有乐谱、乐曲和乐章,也有相应的乐理,由各种乐器如金、石、丝、竹之类演奏而成。相传尧、舜之时就有音乐。音乐的最大特点是和谐之美。虽然不同的音乐有不同的效果,如宫廷之乐表现庄严肃穆,民间音乐表现悲喜之情,但是,任何音乐都以和谐为其根本特征,因此才能感受到美。这就是孔子为什么重视音乐的重要原因之一。

古代音乐还有一个特点,就是将演奏和歌舞结合起来,产生整体的艺术效果。诗歌有舞蹈相伴,舞蹈有音乐相伴,而音乐又有歌舞相随。这样,诗、礼、乐也就结合在一起了。《诗经》是中国最早的诗集,《诗经》中的诗,既是诗又是歌。古人叫"诵诗",相当于唱诗,同后来的"读诗""念诗"不同。诗本身是有韵的,但"诵诗"有非常复杂的韵律,抑扬顿挫,节奏明显。《诗经》中的"风"就是从民间采集而来的民歌。"雅"和"颂"则是诸侯国和王朝宫廷里的诗歌,是和音乐舞蹈配在一起的。如八佾之舞(纵横八行)是和"颂"相配的,六佾

----

① 《论语·子罕》。

之舞(纵横六行)是和"雅"相配的。当然,从各自的不同特点而言,诗是用语言表达的,所谓"诗言志"是也;歌是用声音唱出来的,所谓"歌咏言"是也;乐则是用琴瑟钟鼓之类的乐器演奏出来的,所谓"八音谐"是也。音乐不用通常说话的语言,也不用诗歌语言,而是一种独特的音乐语言,因而更加抽象,但也最能调动人的情感,这就是孔子为什么重视音乐的又一个原因。

再看看孔子所说的"兴于诗,立于礼,成于乐",其中的涵义就更加值得体味了。这既是艺术人生的修养过程,也是艺术进展的自然过程。就人生修养而言,诗能够使人有所感发、兴起,调动人的激情;礼能够使人懂得立身行事之道,且风采熠熠;乐则能使人体会人生的意义,感受到最大的乐趣。就艺术进展而言,诗是一种有韵味的情志语言,礼是能够实践的行为语言,乐则是体验式的抽象语言。乐可以奏出世界上最和谐的声音,使人陶醉其中,体验人生的乐趣。因此,孔子以"成于乐"形容人格修养的完成。

"六艺"中的"射""御",是指射箭和驾驭马车,属于体育活动,但孔子将其归于"艺",说明其中有艺术成分,可说是广义的艺术。在孔子心目中,"射"和"御"是一种能体现礼乐精神的"技艺",而不是单纯的力量和技术、技巧。"技艺"是具有艺术品位的体育技巧,给人以美的鉴赏。古代的士,有武士、文士之分,武士主要是执行保卫和作战任务,文士则从事礼乐活动。但文士也要学会"射"和"御",这既是锻炼身体,也是提高人的艺术修养水平。这种"技艺"在某种程度上是表现礼的。"射不主皮"①就体现了这一点。射箭不在于力量有多大，不在于能不能穿透靶心的兽皮，而在于是否合乎"礼数"。孔子在论"射"时说，"君子无所争"，如有所争，必定是射箭吧，先行礼而后走上射台，这时要一心一意地进行比赛；但是，当走下射台时，就要互相行礼、饮酒、叙叙友谊，这就是"君子风度"②。可见，"射"是一种互相交流、增进友谊的重要方式，也是一种艺术鉴赏。

射和御也可以是一种职业，有些士人专以射、御为其生活来源。但是，从事射、御的人，除了掌握专门技术之外，还必须具备职业道德和艺术修养。这样，才能受到别人的尊重，得到生活的乐趣。

"六艺"中的"书"和"数"，是书法和数学，也就是写字和计算数。书写和绘画属于艺术之列，这是完全可以肯定的。中国的汉字，具有艺术特征，写起来讲究笔画结构和字形，要好看，除了作为语言表达的工具之外，还有欣赏的价值。这从甲骨文即可看出。孔子时代，是否有后来的所谓"书法艺术"，不得而知；但是，后来的"书法艺术"，是由书写过程中的欣赏要求发展而来，则是可以肯定的。孔子所说的"书"，未必是后来的"书法艺术"，但是，只要是书写，就要讲究好看和艺术性，这也是可以肯定的。孔子与学生谈话，有些重要的话，学生要"书诸绅"，即写在绅带（即腰带）上，这就是书写。

"六艺"中的"数"，是指"象数"还是"算数"，很难说，可能二者都

---

① 《论语·八佾》。
② 同上。

有。"象数"中也有数学问题,但数学是一个科学问题。按照现代人的看法,科学与艺术是截然不同的,严格地说,数学与经验科学也是不同的。但是,现在已有人开始承认,数学中也有美学问题、艺术问题。中国的"象数"与《易经》有关,孔子学习过《易经》。他说:"加我数年,五十以学易,可以无大过矣。"①《易经》中的卦,是由阴(--)、阳(—)二爻排列而成的,每卦六爻,阴、阳二爻排列组合不同,便有不同的卦。《易经》作为占筮之书,就是由各爻的变化定吉凶的。"筮法"中有很多数的问题,孔子肯定是知道的。另外,在实际生活中有很多数学计算问题,这也是孔子所关心的。孔子曾当过管仓库的官,粮食的多少和进出,都是要计算的。所谓"料量平而已""会计当而已",就是孔子运用数学计算的结果。但这是一种实用数学,不是纯粹的理论数学。孔子将"数"视为一种"艺",变成"技艺",是否限制了科学理论的发展?值得研究。在中国,确实没有发展出纯粹的理论数学和科学。这与孔子过分强调艺术而忽视科学的倾向可能有关系。但是,孔子从艺术的角度看待"数",却有独特的意义和价值。

二、诗论

《诗经》是中国最早的一部诗歌总集,也是儒家《六经》之一。据

---

① 《论语·述而》。

说,孔子"删"过诗,即将三千篇的诗经过删除,"去其重",最后只剩下三百零五篇。[①] 但是根据最近出版的上海竹简《孔子诗论》,其中有许多诗是现存的三百零五篇中所没有的。孔子在《论语》中也引用过《诗经》以外的诗句。于是有人提出,孔子并未"删诗"。如果上海竹简的《孔子诗论》真是孔子的著作,那么,可能有两种情况。一是,"诗论"在前,"删诗"在后,因为孔子整理文献,删定六经,是在他晚年从卫国返回鲁国之后,已经快七十岁了。"诗论"作为"删诗"以前的言论,保留到战国时期即上海竹简的成书时期是可能的。二是,孔子确实没有"删"过"诗",而《诗经》肯定不止三百零五篇,现在的三百零五篇是在后来的流传中被删的。如果是这样,《论语》中孔子所说的"诗三百",就有问题了。

　　但是,我们不讨论这些问题。我们仍然以《论语》为主,讨论孔子的诗学理论。

　　孔子认为,诗的基本性质和功能是抒发人的情感,表达悲、喜、哀、乐、好、恶、爱等各种情感需要,使人的情感得到进一步升华,从而培养人的"德性"。人之有各种情感,乃"民性固然"[②],即人性中固有的。人的情感发而为诗,是很自然的。诗中描述了许多美好的人和事,"见其美,必欲反本"[③],即返回到自己的本性,培养自己的德性,提高自己的境界。这就是诗的作用。这是一种审美境界,但其

① 《史记·孔子世家》。
② 《上海博物馆藏战国楚竹书》,第 145 页。
③ 同上。

中又包含着道德内容,是合美与善而为一的。

美和善都发自情感,前者是审美情感,后者是道德情感。但孔子并没有对二者作严格区分,建立独立的唯美主义的诗学理论,而是在肯定其审美功能的同时,又肯定其道德内容,二者不能分离。这是孔子诗学的一大特色,对后来儒家的美学理论产生了重大影响。

在孔子看来,诗的这种审美功能是明显的,也是应当重视的。他在同学生子夏讨论《诗》时,有一段重要的对话说:

> 子夏问曰:"'巧笑倩兮,美目盼兮,素以为绚兮。'何谓也?"
> 子曰:"绘事后素。"曰:"礼后乎?"子曰:"起予者商也,始可与言《诗》已矣。"①

这是一段很著名的对话,很能表现孔子的诗学观。《诗》②中描述一位女子长得美,脸上酒窝,笑得好看;眼睛黑白分明,显得好看;稍加修饰,素得好看。子夏请教孔子,这是什么意思?孔子从中引申出一个道理,说,绘画在白素之后,即先有白素的底子,然后再在上面绘画。子夏理解了孔子的意思,说,这是不是说,礼乐在好的素质之后呢?孔子十分赞赏子夏的见解,认为子夏启发了他,有了这样的理解,就可以开始讨论《诗》了。

在孔子看来,《诗经》所描写的,是一位具有天然美质的女子,这

---

① 《论语·八佾》。
② 《卫风·硕人》。

是很好的条件,她本身就是美。但是,还要在这个基础上,"绘"出更好更美的色彩,这就是"礼乐"。孔子所说,本身就是比喻性的。《诗》有"比""兴""赋"之说。所谓"比",就是比喻,由一件事比喻另一件事;所谓"兴",就是联想,由一件事联想到另一件事;所谓"赋",就是直接描写一件事情。孔子讨论这句诗,就是运用比喻的方法,由一位女子的美貌说明人的素质和礼乐的关系。这里所说的"礼",就是礼乐文采,既是艺术的、美学的,又是有道德内容的。再进一步引申,就是先有内在的仁质、仁性,然后"绘"出礼乐文化,这样就非常好了。就是说,既要有内在的美,又要有外在的美,使二者真正统一起来。

这里涉及人文与自然的关系问题。孔子并没有将二者混为一谈,而是作出了区分,但是,他主张将二者有机地结合起来。自然之美是美学问题,人的姿质是天生的,天生的好姿质无疑是美的;但是,如果"绘"上礼乐文化,就是人的创造,是人文之美,其中又具有道德内容。将自然美与人文美结合起来,就是理想的美。孔子并不否定一个人的自然美,即自然素质的美;但是,一个真正完美的人,还要赋予自然美以人文意义,这就需要人的创造。他用绘画作比喻,说明人类文明的创造,其中既包括艺术创造,又包括道德创造,二者都具有社会内容。这样,人文与自然、伦理与审美,就完美地结合起来了。

诗是美的一种表达形式,诗的美学特征在于,能够陶冶人的性情,给人以享受,使人受益。这也是所有美的共同特征。但是,在孔子看来,诗所能给予人的,不只是形式的美或感性的快乐,诗的根本作用,是能够升华人的情感,培养人的品质,提高人的境界,使人生过得更有意义。这才是诗的根本特征。《论语》又有一段讨论《诗经》的对话:

> 子贡曰:"贫而无谄,富而无骄,如何?"子曰:"可也;未若贫而乐,富而好礼者也。"子贡曰:"诗云:'如切如磋,如琢如磨',其斯之谓与?"子曰:"赐也,始可与言《诗》已矣,告诸往而知来者。"①

这也是用比喻的方法解《诗》的一个著名例子。"如切如磋,如琢如磨"是《诗经·卫风·淇奥》中的句子,通过讲治骨、角、象牙、玉器的方法,即由切、磋、琢、磨等工序一步一步地进行,最后完成一件艺术品,来说明一个道理。后来,人们形容探讨学问,就如同治玉等器具一样,反复切磋琢磨,使之更加完善。这里则是讨论如何对待贫富的问题。贫穷是人所不愿的,富贵是人所愿意的,这一点孔子也是承认的。但是,命运使人处于贫穷或富贵的地位,又该如何呢? 子贡提出,贫穷却不谄媚,富贵而不骄纵,这样如何呢? 孔子回答说,可以了,但是不如贫而能乐"道",富而能好"礼"更好。后者比前者更进了一步。子贡于是从《诗经》中引用上面两句诗以论证孔子的思想,孔子高兴地叫着子贡的名字说,可以与你讨论《诗经》了,告诉

---

① 《论语·学而》。

你一个道理，你能推出另一个道理，能够举一反三了。孔子认为，《诗经》中所讲的就是这一类的道理，要人们去体会。这里所说的"乐"是达到很高境界以后才能有的快乐。在孔子的学生中，颜渊就能达到这种境界，感受到这种乐。"一箪食，一瓢饮，在陋巷，人不堪其忧，回也不改其乐。贤哉，回也！"①

孔子论诗，讨论最多的还是"国风"。因为从中不仅可以"溥观人俗"②，即广泛地观察民俗，而且可以知民"性"与民"情"。情感问题始终是诗的主题所在。孔子说过："不学诗，无以言。"③但《诗经》的语言，是情感语言，是达情的。《诗经》中的道理，是通过情感语言表示出来的，不是一套说教，也不是逻辑概念。但《诗经》中所说的道理，却是关乎人生和人性的，是富有哲理的。孔子又以"国风"中的《关雎》为例说："关雎，乐而不淫，哀而不伤。"④就是说，快乐，但不能过度；悲哀，但不能伤痛。这就有一个如何调节情感的问题，诗就是调节人的情感的，能使哀乐各有其度。有"度"就能合于"礼"，"诗"与"礼"也就统一起来了。所以，《诗经》不仅是浪漫主义的，而且是富有理性精神的。

孔子认为，诗的功能是多方面的，除了抒发、调节、升华人的情感，培养人的德性，提高人的境界之外，还有重要的社会政治功能，

---

① 《论语·雍也》。
② 《孔子诗论·诗序》，《上海博物馆藏战国楚竹书》，第129页。
③ 《论语·季氏》。
④ 《论语·八佾》。

在处理人与自然的关系方面,也有非常重要的作用。诗是处理人与自身、人与社会、人与自然之间的关系的最好的导师。这就是孔子为什么提倡"诗教"的根本原因。

> 子曰:"小子何莫学夫诗? 诗,可以兴,可以观,可以群,可以怨。迩之事父,远之事君。多识于鸟兽草木之名。"①

> 子谓伯鱼曰:"女为《周南》《召南》矣乎? 人而不为《周南》《召南》,其犹正墙面而立也与!"②

"小子"是指孔子的学生,伯鱼是孔子的儿子,孔子教导他们学诗,同时也说出了为什么学诗的道理。所谓"兴",就是"比兴"之兴,即可以激发人的情感,启发人的思想,产生联想,由此到彼,对事物产生广泛的兴趣,了解事物之间的关系。所谓"观",就是观察,即提高人的观察力,深入到事物之中,体会其中的意义。"子在川上曰:'逝者如斯夫! 不舍昼夜。'"③这是孔子的诗。孔子正是在深入观察的基础上,体会出人生的意义的。所谓"群",就是"群居",与人交往。诗是人们交流情感、表达情感、和谐相处的最好方式。孔子反对"群居终日,言不及义"④。言而能"及义",就需要有很高的修养。诗能使人提高修养,涵泳于礼义之中,是言而"及义"的重要教材。所谓"怨",是指善意的讽刺,《诗经》中有许多表达"怨"的诗篇,从中能得

---

① 《论语·阳货》。
② 同上。
③ 《论语·子罕》。
④ 《论语·卫灵公》。

到很多教益。《诗经》中也有"事父""事君"的道理,更有许多鸟兽草木的名字。识得鸟兽草木之名,并不只是获得一些知识,而是运用"诗"的移情作用,学会处理人与自然的关系,感受大自然的丰富多样性,体悟自然界的生命,体验人与自然和谐之美。"山梁雌雉,时哉时哉!""岁寒然后知松柏之后凋也!"这都是孔子在生命感悟中说出来的诗的语言,值得人们体味。

《周南》《召南》都是《诗经·国风》中的诗,其中有许多人生的道理,如果不学,就缺了这些道理,就如同站在墙根底下面对着墙,什么也看不清楚,更无法行走了。

学了诗,就要在实际中运用,见之于行动,使其发挥实际效用。这是孔子诗论的又一个特征,即讲究实效,不只是得到个人的精神享受。"子曰:'诵诗三百,授之以政,不达;使于四方,不能专对。虽多,亦奚以为?'"①这是对从事政治和外交活动的人说的。所谓"达政",就是使政治活动、政治任务上下四方能够通达。在孔子看来,"颂"是表示"德"的,"讼,平德也"②。"雅"是表现好恶的,"子曰:'有国者章好章恶,以示民厚'"③。"风"是表现"民俗"的,"邦风,其纳也,溥观人俗焉"④。学了"诗",就要善观民俗,好善而恶恶,以体现德政。这样就能够通民情而"达"民意了。所谓"专对",就是出使外

---

① 《论语·子路》。
② 《孔子诗论·诗序》,《上海博物馆藏战国楚竹书》,第127页。
③ 《缁衣》,同上书,第174页。
④ 《孔子诗论·诗序》,同上书,第129页。

国从事外交活动时，能够独立地进行谈判应酬，完成使命。春秋时，外交活动频繁，常常引用"诗"中的句子，以增进相互之间的了解和关系，而使者多是博学多能之人，随时能够"断章取义"、出口成章。这反映了当时政治外交文化的一些特点。孔子认为，"诗"能够起到沟通感情、增进了解的作用。

总之，在孔子看来，"诗"作为表达真实情感的语言艺术，有不同的题材和内容，在不同的场合有不同效用。但是，其中贯穿着一个基本原则，这就是美与善的统一，也就是"德"，即美德与善德。无论在个体人格的修养方面，还是在家庭、社会和政治的运用方面，都以此为标准。孔子说："诗三百，一言以蔽之，曰：'思无邪。'"①大概就是这个意思吧！

三、乐论

前面已经讨论过孔子关于"乐"的理论，但那是就广义的艺术观而言的。孔子还讨论过音乐的一些具体问题，现在就这个问题作一些探讨。

孔子所说的"乐"，是指用各种乐器或弹或奏或分或合发出来的各种不同声音组合而成的乐曲。乐曲由一连串音节旋律组成，音节

---

① 《论语·为政》。

旋律又组成乐章。乐章有始有终，由始到终，一步一步地展开，直到最后收尾，就是一部完整的乐曲。乐曲能够表现某种"主题"，是能够欣赏并领会的。

根据《乐记》的记载，声和乐是有区别的。声只是发出来的声音，乐则是由声音组成的乐曲，有明显的节奏旋律，能够"怡"人的心，"悦"人的耳，从中得到美的享受。音乐是通过时间的形式表现的，因此有人说，音乐是时间的艺术。孔子很重视一个乐章的进行过程，从起伏跌宕变化万千的过程中欣赏其中的韵味，似乎也有这样的意思。孔子说："师挚之始，关雎之乱，洋洋乎盈耳哉！"①太师是掌管音乐的长官，鲁国的太师名挚。乐曲的演奏，开始是由太师演奏的，因此叫"师挚之始"。音乐演奏的开始叫"始"，其结束叫"乱"。"乱"有总结的意思。古人写文章，在最后总结的时候，写上"乱曰"二字，与音乐的结束叫"乱"，有相同的意义。"乱"是"合乐"，即各种乐器的合奏，合奏时用"关雎"，故称"关雎之乱"。这时，各种声音合在一起，洋洋大观，众音齐鸣，满耳都是音乐，可以尽情享受，故说"洋洋乎盈耳哉"！

从这里也可以看出，"乐"和"诗"是联系在一起的。"诗"是用语言表达的，但每首诗如果配上相应的音乐，也就成为"乐"。因此，有些"诗"的名称，既是"诗"，又可以称为"乐"。比如《关雎》，是《诗经》中第一篇的篇名，又是音乐的乐名。孔子所说"关雎，乐而不淫，哀

---

① 《论语·泰伯》。

而不伤"①,有人就认为是讲"乐"而不是讲"诗",因为"诗"中并无悲哀的情调,而"乐"则有自身的结构,可以包含更多的内容②。从这个方面看,"乐"与"诗"又有区别,不能等而同之。

孔子很喜欢音乐,善于欣赏音乐,有时能听到入迷的地步。他本人学习过演奏,研究过乐理,对音乐有很深的理解,能够说出其中的语言特色及其作者。他能够提出和讨论音乐中的各种问题。

> 子语鲁大师乐,曰:"乐其可知也,始作,翕如也;从之,纯如也,皦如也,绎如也,以成。"③

孔子将音乐演奏中的原理告诉了鲁国的太师,意思是,音乐演奏虽然不是使用人们的日常语言,但其中的道理是能够知道的。开始演奏时,激越昂扬,场面热烈,能够调动起人们的情感;接下来,就是诸音配合,纯然和谐;其次,是节奏分明,条理清晰;再次,是绵绵细语,络绎不绝;最后,才是合而成之。这就是音乐演奏的一般原理,其中虽有各种不同的变化,但是,都要有这样的几个阶段,经历这样的演奏过程。这是孔子对音乐演奏原理的一次最明确最清楚的表述,也是对当时的音乐演奏的一次总结,具有普遍意义。

歌唱也是音乐中之一种,不过,不是使用乐器演奏,而是运用人的歌喉,用歌词唱出来的。但其曲调与音乐是相通的。孔子也很喜

---

① 《论语·八佾》。
② 杨伯峻注引刘台拱:《论语骈枝》。
③ 《论语·八佾》。

欢唱歌,对于唱得好的歌,更喜欢反复地唱。《论语》记载:"子与人歌而善,必使反之,而后和之。"①与别人一起唱歌时如果唱得好,则一定要请他再唱一遍,然后自己又和他。这种入迷的样子,活生生地表现出孔子的性格和生活态度。这一点,我们今天的学者少有能与之相比者。可以说,弹奏和歌唱是孔子生活的组成部分,在当时这也是比较普遍的现象。孔子周游列国时,就有楚狂接舆唱歌而讽谏孔子的故事;孔子学生中也有能歌善舞者。曾点在孔子与学生谈话时在旁边抚瑟,并以其有志于与童子歌唱于山水之中而深得孔子的赞赏。这与孔子的教育思想和人生态度不无关系。孔子在晚年生命将尽之时,还唱出了他的心声。在孔子看来,音乐和歌唱能使人的生活丰富多彩,能陶冶人的性情,因此是人生中不可缺少的。人应当过一种艺术化的生活。

音乐是一种听觉艺术,又是一种抽象的形式艺术,其表现就是一些"声音"构成的旋律,其物理基础则是一些物体的震动。音乐是不是有某种内容? 能不能表现某种意义? 这是长期以来人们争论的问题。这里有人与物、主体与客体的关系问题。孔子有一个重要观点认为,音乐之成为音乐,是有内容的,是能够表达意义的,可说是有内容的形式,只是借用物体震动的"声音"表达出来罢了。因此,欣赏音乐,不只是欣赏声音的有节奏的变化即旋律,使人感到"悦耳",而且要通过声音的旋律变化,领会其中的内容和意义。音

① 《论语·述而》。

乐是人创造的,人在创造音乐的时候,便赋予其某种内容和意义,这种内容和意义是能够传达的,也是能够领会的。它不是通过日常生活中的语言,而是通过某种特殊语言(即"音乐语言")传达其意义的。人们在理解音乐的时候,不是通过概念,而是通过直觉。直觉既是感性的,又是抽象的。因此,"乐"和"诗"一样,也是能够"思"的。这里所说的"思",是指人的思维活动,其中既有美学问题,又有道德伦理问题,也就是"美"和"善"的问题。但孔子主张,要将二者统一起来。能将二者统一起来的音乐,就是最完美的音乐。

这从孔子评论《韶乐》和《武乐》的谈话中看得很清楚。《论语》载:"子谓《韶》,'尽美矣,又尽善也。'论《武》,'尽美矣,未尽善也。'"①《韶》是舜时的乐曲名,《武》是武王时的乐曲名。孔子为什么说,《韶》乐美极了,又好极了,《武》乐则美极了,却还不够好呢?这就涉及内容与形式的关系问题了。美是讲形式的,从形式上讲,《韶》和《武》都很美。好(即善)是讲内容的,从内容上讲,《韶》已经是"尽善"了,但《武》却还未达到"尽善"。这里对善的理解有程度上的差别,只能说《武》"未尽善",却不能说《武》"未善"。《武》乐还是善的,只是未能达到善的极致,即后儒所说的"至善"。

为什么是这样呢?这与孔子的政治伦理观有关。对于朝代的更替,孔子是主张禅让的,并不主张革命。所以,他对三代禅让很推崇;对于周武王用武力推翻殷朝,他虽不反对,并且认为是顺应民心

---

① 《论语·八佾》。

的,但是比起三代圣王和周文王,就未能达到"尽善"。现在已经听不到《韶》《武》之乐了,是不是能够从《韶》《武》之乐中领会到孔子所说的那种意义呢? 这是一个音乐理论的问题。如果将音乐的内容和意义理解为客观的传达及其效果,那就符合孔子的理论;如果将音乐的内容和意义理解为只是主观的想象或主观体验,那就与孔子的理论不完全相符。(后来的嵇康作《声无哀乐论》,就提出与孔子和儒家不同的理论。)

但孔子是相信他的理论的。《论语》又记载:"子在齐闻《韶》,三月不知肉味,曰:'不图为乐之至于斯也。'"①孔子在齐国听到《韶》乐,为其所感动、所吸引,回味无穷,竟然三个月("三月"只是表示很长时间)尝不出肉的味道,感叹说,竟想不到欣赏音乐能到这种境界。这固然可以理解为一种主观的体验、主观的境界,但在孔子看来,《韶》乐的高超的艺术价值和道德价值是客观存在的,人能不能欣赏,则取决于个人的艺术和道德修养。

正是基于这样的音乐理论,孔子又提出"放郑声"的主张。

> 颜渊问为邦。子曰:"行夏之时,乘殷之辂,服周之冕,乐则《韶》《舞》②。放郑声,远佞人。郑声淫,佞人殆。"③

颜渊向孔子请教如何治理国家,孔子讲了一些具体的制度之类,其

---

① 《论语·述而》。
② 同《武》——笔者注。
③ 《论语·卫灵公》。

中与音乐有关的就是放逐郑国的乐曲。"郑声"同"郑诗"的关系,如同前面所说,既有联系,又有区别。这里所说的"郑声",是指郑国诸侯的音乐,还是民间音乐,孔子没有说。可能是民间音乐,也可能是上下皆通行的音乐。总之,在孔子看来,"郑声"之所以要抛弃,是因为它太糜烂淫秽,对人有害。所谓"靡靡之音",就是指此而言的。孔子还把"郑声"和"佞人"即小人相提并论,认为都很危险。

这说明,孔子决不是只讲艺术形式的唯美主义者,也不是反对音乐的寡情主义者,而是主张形式与内容、艺术与道德相结合的艺术观的提倡者。他认为,音乐的艺术形式和社会内容是结合在一起的,不是与好的内容结合,就是与不好的内容相结合;就艺术形式而言,也有健康与萎靡之分。他认为,"郑声"就是属于后者。

就音乐的社会功能而言,孔子主张,音乐不仅要有艺术性,而且要有社会性;不仅要有美的形式,而且要有健康的内容;不仅能使人愉快,而且能使人高尚。一句话,不仅要有欣赏的功能,而且要有教化的功能。这个主张,对后来儒家的艺术理论产生了重大影响。

教育思想

孔子是我国历史上的第一位教师和伟大的教育家。在公元前6世纪至前5世纪的春秋时期，当社会大变革之际，孔子第一个以私人名义开门办学，收徒讲学，这本身就是一个破天荒的创举。其教育规模之大，影响之深远，在中外历史上是少见的。据史书记载，他有"弟子三千，通六艺者七十二人"。但是，《史记·仲尼弟子列传》已不能详举这些弟子的姓名了。

孔子一生的大部分时间都是从事教育活动。教育是他一生的主要事业，也是他一生的最大乐趣。他在教育事业中积累了丰富的经验，形成了一套教育理念，提出了一系列教育原则和教学方法，对我国教育事业的发展，作出了伟大贡献。在过去的中国农村，凡有学校的地方，差不多都有"大成殿"，每年举行祭奠，就是纪念这位伟大教育家的。

一、教育理念

孔子办学，是有教育理念的。所谓教育理念，就是统贯教育活动的指导原则，它体现在教育活动的各个方面。孔子的教育理念就是，通过教育，使各种人才都成为有修养、有境界的"君子"，也就是人文素养很高的杰出人才，从而对社会作出贡献。孔子虽然大部分时间身处鲁国，但他的学生却分布在诸侯各国，或从政，或从教，或从商，或从事外交，或从事咨询，或从事文献整理，或从事宗庙祭祀，但他们都从不同方面贯彻了孔子的教育理念，体现了孔子所提倡的人文价值，对中华民族的文明建设作出了贡献。

孔子作为儒家学派的开创者，他所培养的学生，就是儒者。所谓"儒者"，是指从事文化事业、体现儒家文化价值的知识分子（即士）。但是，孔子首先要求的，是要成为"君子儒"，而不是"小人儒"。子谓子夏曰："女为君子儒，无为小人儒。"①这不只是对子夏的要求，也是对所有学生的要求，是他从事教育的指导思想。这里的"君子"，是从人格品德上说的，不是从社会地位上说的。君子以"谋道"为目的，以"成德"为要务，决不是为了找一个职业谋一口饭吃，即不是以"谋食"为目的。君子是有更高的追求和更重要的使命的。

① 《论语·雍也》。

　　　子曰："君子谋道不谋食。耕也,馁在其中矣;学也,禄在其

　　中矣。君子忧道不忧贫。"①

"谋道"就是"志于道"。"朝闻道,夕死可矣",这才是君子的终身追
求。君子当然要吃饭,但从事学习和学术的君子,不必去种地;如果
去种地,恐怕要挨饿。如果学好了,就会得到俸禄,但君子决不是为
了俸禄而学习。君子是为求道而学习,俸禄应是学成以后得到的报
酬,而不是学习的目的。"谋道",是学者的最高目的,"忧道"则表现
了学者的忧患意识,说明君子即知识分子承担着重大的社会责任。

　　按照一般的解释,"道"就是真理。这是正确的。追求真理,是
学者的首要任务,也是教育的根本宗旨。但是,孔子更强调其中的
人文价值及其社会意义。"谋道"是为了承担起社会义务,实现社会
的道义原则,故"君子义以为上"②。"义"就是社会的道义原则,"义
以为上",就是以实现道义原则为最高职责。这些原则是"道"的具
体体现。君子通过参与实际的社会活动,包括出仕,使其得以实现,
这就是"行道"。

　　有一次,子路跟随孔子出行,落在后面,遇到一位老者,便向老
者打听孔子的下落,但是却遭到了一顿奚落:"四体不勤,五谷不分,
孰为孔子?"但老者又很好地招待了子路。事后子路告诉了孔子,孔
子说,这是一位"隐者"。子路便说:"不仕无义。长幼之节,不可废

---

① 《论语·卫灵公》。
② 《论语·阳货》。

也。君臣之义,如之何其废之? 欲洁其身,而乱大伦。君子之仕也,行其义也。道之不行,已知之矣。"①子路的话充分体现了孔子的教育理念。孔子并不主张人们回避现实、洁身自好,而是主张通过出仕等活动实现道义原则。君子应当出仕,但君子出仕的真正目的是"行义",至于能不能实现,不是自己所能决定的。即使是不能实现,君子也要尽到这个义务。要使理想变成现实,总是困难的,但是,一个人以至一个社会,不能没有理想。有了理想原则,社会就会有一个价值标准,就会向这个方向发展。这是孔子的信念。

要承担起这样的社会责任,就需要提高修养,培养品德。于是,"谋道""行义"就转变成"修德""成德"的问题。这也就是孔子所说的"为己"之学。"子曰:'古之学者为己,今之学者为人。'"②这里的古今之辨,含有对当时有人自我标榜夸耀于人的行为进行批评之义。所谓"为己",就是为了提高自己的修养,完善自己的人格;所谓"为人",则是为了标榜自己,给别人看。孔子的教育,是要培养出一批具有真才实学、道德高尚的人,不是造就一些名利之徒。对于别人是不是知道自己,不必去计较,关键是要充实自己。"不患人之不己知也,患其不能也。"③孔子也是看重"名"的,但是要"实至名归",而不是"徒有其名"。

钻研学问,修养德性,是孔子最关心的事情。这是体现其教育

---

① 《论语·微子》。
② 《论语·宪问》。
③ 同上。

理念的根本途径。

> 德之不修,学之不讲,闻义不能徙,不善不能改,是吾
> 忧也。①

孔子将"修德""成德"提到很高的地位,视为教育的根本任务,就是为了使培养出来的人才能够承担起社会责任,体现出社会价值。实际上,勤于讲学,闻义而行,不善而改,都是为了成德。孔子之"忧",正是担心他的教育理念得不到实现的忧患意识。

"德"有多方面的内容,总称为德性。在孔子的教育理念中,知、仁、勇是三种最重要的德性,被称为"三达德"。"仁者不忧,知者不惑,勇者不惧。"②知是指人生智慧,能指导人如何理性地生活;仁是指精神境界,能指导人如何做人;勇是指意志品质,能指导人如何面对困难。这些德性都是君子应当具备的。但是,三者之中,仁是核心,因此,要以"成仁"为修德的根本任务。

我们知道,仁是孔子学说的核心,同时也是他的教育理念的核心。仁是人的最高境界,也是人文价值的最高体现。仁是需要一生为之努力的。"君子而不仁者有矣夫,未有小人而仁者也。"③君子要以仁为"己任";同时,仁也是人民最需要的,"民之于仁也,甚于水火。"④人民之需要水火,是人人皆知的,但仁对于人民,比水火还重

---

① 《论语·述而》。
② 《论语·宪问》。
③ 同上。
④ 《论语·卫灵公》。

要。君子之仁,不仅能施之于民,而且能使人民知其所向。君子虽以仁为己任,但是,未必人人都能成为仁者,小人则决不可能成为仁者。在孔子的学生中,颜渊是最好学、最有贤德,因而最受孔子赞赏的学生,但也只是"其心三月不违仁",即能够较长时间地保持仁德,但还不能说已经成为"仁者"了。因此,孔子将仁作为最高标准来要求学生。他说:"当仁,不让于师。"①就是说,如果面临仁德或遇到行仁之事,就是自己的老师,也不能谦让。这当然是很高的要求,仁处在包括老师在内的任何权威之上。其实,孔子自己也不承认他已经是仁人了,仁是他和学生们共同努力的目标。仁作为教育理念的核心,是应当牢牢树立起来的。

二、教育目的和原则

根据这些理念,我们看到,孔子的教育目的,不是将学生仅仅培养成某种具有专业知识的专门人才,成为某种实用的工具,就像器皿一样,只能被当作工具使用。君子是有独立人格和批判意识的,能关心社会的普遍问题,并以自己的言论和行动影响社会。因此,孔子说:"君子不器。"②即不是器皿一样的工具。器皿有各种用途,不同的器皿有不同的用途,但都是工具。君子则不应成为这样的工

---

① 《论语·卫灵公》。
② 《论语·为政》。

具，而应当成为影响整个社会的人，能对社会产生更大作用。

古代教育不像现代教育那样专业化，这是历史的事实。但是，即使是近现代的教育，也是有教育理念的。世界上办得最成功的大学，都有它们的教育理念，而且都很重视人文价值。其实，从职业的角度说，孔子也主张，知识分子要从事某种具体工作，执行某种具体任务，而且要完成得很好。他本人就是如此。知识分子也不能越过自己的职位，去干其他的事，"君子思不出其位"①。"不在其位，不谋其政。"政治如此，其他工作也是如此。但是，君子作为社会知识分子，无论从事何种职业，都要关心社会共同关注的问题。或通过自己的各种活动，产生实际的作用；或发出自己的声音，影响社会的发展。这才是知识分子的社会职责。从这个意义上说，知识分子就是社会的良知。

有人认为，孔子的教育目的，是读书做官，即为了做官而读书。按照这种逻辑，读书只是实现目的的手段，做了官就可以不学习了，因为目的达到了。如同敲门砖，敲开了门，就再也不用砖了。过去在"文革"中，就批判过孔子的"读书做官论"，如今又不再忌讳"读书做官"了，不仅不忌讳，有人为了做官，甚至造假文凭，出钱买文凭。但是，无论是批判"读书做官"，还是提倡"读书做官"，这些都和孔子毫不相干。"文革"是全盘否定知识，现在的某些人也不是真正尊重知识，他们都是为了各自的"目的"，装扮自己。

---

① 《论语·宪问》。

　　孔子确实很关心政治,很关心社会,有强烈的现实关怀。而且在古代社会,从政是读书人的主要出路,不像现在,有各种专业,各种途径,可以实现人生的价值。但在孔子看来,从政是一个重要途径,但并不是唯一的,更不是为了做官而读书,即不是将读书视为跳板,作为手段,去达到做官的目的,而一旦做了官,就可以利用手中的权力,获得更大的利益,甚至贪污腐败,无所不为。孔子认为,读书要积极参与政治,谋取职位,自然能得到俸禄,即"禄在其中矣",但决不是为得到俸禄而去做官。教育的真正目的,如前所说,是为了"谋道"而"行义",从政则是"行义"的重要途径。实际上,做官和读书是互相促进的。"子夏曰:'仕而优则学,学而优则仕。'"[1]子夏是孔子的学生,他的话代表了孔子的思想。这句话的意思,是说做官之后,如有余力,就去学习;学习之后,如有余力,就去做官。这里的"优"字,是优游从容的意思。可见,学习与做官是没有先后之分的,更没有目的与手段之分。做官的人,需要不断学习,以充实自己;学习的人,则需要在实际中运用,以锻炼自己。何况,孔子所说的学习,不只是读书,读书固然是学习,但是,在实践中也能学习。

　　其实,孔子并不主张一定要去做官。学习"干禄"(即做官),只是其中的一部分。学习当然要服务于社会,贡献于社会,而且要转变社会,使其合于"道";但是,可以通过各种途径去实现。在孔子的学生中,有的做了官,但有很多学得很好的学生,并未做官。比如颜

---

[1]　《论语·子张》。

渊,年纪虽小,做官是可以的,但他却从未想到去做官。孔子说:"三年学,不至于穀,不易得也。"①读书三年,却不想去做官,甚至连做官的念头都没有,这是很难得的,对于这样的学生,孔子是赞许的。有一次,孔子叫他的学生漆雕开去做官,漆雕开说,"吾斯之未能信"②,即表示不想去,孔子听后,非常高兴("子说")。孔子既然叫他去做官,就说明他已经具备了条件,但是,他以谦虚的口气说,我对这个并没有信心,孔子不仅不以此批评他,而且由衷地表示高兴,这是很能说明问题的。在孔子的学生中,还有一些人专心于学术,别人劝他去做官,却被推辞了。比如鲁国的执政者季氏,使人叫孔子的学生闵子骞作"费宰",即费邑的长官,闵子骞请来人替他坚决辞掉,并说,如果再来找我,我就逃到汶水以北的齐国去了。③

孔子认为,对于从政的问题,能仕则仕,不能仕则用别的方式影响社会及政治,不一定非要从政为官。要不要从政,还要视政治环境而定。有人对孔子说:"子奚不为政?"即为什么不去从政呢?孔子回答说:"《书》云:'孝乎惟孝,友于兄弟,施于有政。'是亦为政,奚其为为政?"④就是说,对父母能孝,对兄弟能友,以此影响当政者,这就是从政,为什么一定要做官才是从政呢?孔子本人是这样,对学生的要求也是这样。这才是他的基本态度。

---

① 《论语·泰伯》。
② 《论语·公冶长》。
③ 《论语·雍也》。
④ 《论语·为政》。

孔子招收学生的一个基本原则，是"有教无类"①。"类"有二义。一是指"族类"，即不同民族之间的区别，所谓"非我族类，其心必异"即是指此而言的。二是种类、群类，包括贫富、贵贱、社会地位的差别。孔子这里所说，可能二者兼有，但主要是指后者，即不问出身贵贱和地位尊卑，我一律都教育。这是一个很先进的教育原则。孔子以前的教育，是贵族教育，只有贵族有权利受教育。贵族不仅掌握政治经济权力，而且掌握教育权。孔子办学，打破了这个界限，一般子弟也能受到教育。这本身就改变了当时的社会结构。孔子说："自行束脩以上，吾未尝无诲焉。"②只要给我一点很微薄的见面礼（十条干肉），我从来没有不教诲的。对所有愿意来学习的人，他都能无保留地施以教诲，这种胸怀，体现了孔子平等的教育观。

正因为如此，在孔子门下学习的人，越来越多，以至"弟子三千"。三千未必是一个统计数字，只形容其多，但也不是随便说的。事实上，在孔子的学生中，有各种各样的人，既有贵族出身的子弟，又有平民百姓的子弟；既有"富比诸侯"的子贡，又有贫穷如颜渊者。孔子衡量和评价学生，从不以贫富贵贱分等级、论优劣，而是以品德、学业为标准。这在教育史上也是无与伦比的。比如子贡是学生中最富的，也是最有才干的一位。但是，孔子有一次问子贡，你和颜回谁更优秀？子贡说，颜回能"闻一以知十"，我只能"闻一以知二"，

---

① 《论语·卫灵公》。
② 《论语·述而》。

我怎能赶得上颜回？孔子说,我同意你的说法,是不如他。①

　　孔子不仅对于及门弟子,而且对于学校以外的弟子,能教则教之,能引导则引导之,从不挫伤他们的上进心。《论语》记载,互乡这个地方的人,难与交谈,但是,有一位童子求见孔子,孔子接见了他。弟子们有些怀疑,孔子说:"与其进也,不与其退也,唯何甚？人洁己以进,与其洁也,不保其往也。"②意思是,应当鼓励他的进步,而不能鼓励他退步,何必做得太甚？人家使自己干干净净地来,就应当鼓励他的干净,至于他的过去,就不必追究了。这里的"洁己",有严格要求自己以洁其心志的意思。

三、教育内容和要求

　　孔子教育学生的主要内容是"六艺"。关于"六艺"前一章已经谈过了,虽然是从文艺的角度谈的,但是能反映孔子教学的内容特征,这里不再重复了。

　　同时,孔子又用四种内容教育学生,所谓"子以四教:文、行、忠、信"③。这是更广泛意义上的教育内容。"文"指文化知识,主要指各种文献知识,也包括各种"艺";"行"指实践行为;"忠"指对待别人的

---

①　《论语·公冶长》。
②　《论语·述而》。
③　同上。

忠心；"信"指与人交往的诚信。这里既有文化知识，又有如何做人的问题，是他的教育理念在教学中的具体体现。

孔子很重视古代文献，他本人用一生精力学习文献知识，"好古敏以求之"，同时也以此教育学生。广义而言，"文"就是古人积累起来的一切文化知识，是宝贵的精神财富。作为教育家，孔子将传授文献知识当作自己的首要任务，这是完全可以理解的。任何教育，都不能离开已有的知识积累。创新是重要的，但创新不能脱离前人已经取得的成果。孔子自称是"述而不作，信而好古"①，就是说，以阐述古人的典籍为务而不创作，以信任的态度对待并爱好古代文化。但是，事实上孔子是有创造的，不仅有创造，而且创造出了一套儒家学说和一个儒家学派。不过，孔子决不是凭空创造的，而是在学习古代文化的基础上进行创造的，这就是"以述为作"（冯友兰语）。孔子不是让学生死记一些古代的典籍，而是通过他的"述"，赋予新的意义，具有新的时代内容，使学生理解。

孔子教育学生的主要文献，有《诗》《书》《礼》《乐》等，即"以诗、书、礼、乐教"②。《诗》即《诗经》，是古代的诗歌总集，表达了古人的思想情感和愿望，特别是其中的《国风》，从不同方面反映了古人的生活状况和风土人情、悲欢离合。孔子论《诗》最多的也是《国风》中的诗篇（上海竹简《孔子诗论》也能看出）。《诗》作为语言艺术，有非

---

① 《论语·述而》。
② 《史记·孔子世家》。

常丰富的文化内涵,孔子之所以重"诗教",就在于培养学生的思想情感和语言表达能力。所以他说:"不学《诗》,无以言。"①

《书》即《尚书》,是古代政治文献的汇编,其中,有许多政治家的言论,能反映古代政治的成败得失和经验。司马迁说,孔子"序书传"②,即写了《尚书》的传。这一点现在难以证实。孟子说过,"尽信书,则不如无书",因此,他只从《武成》篇中取其二三册而已。③ 但是,孔子用《尚书》中的许多故事和道理教育学生,则是事实。《论语》中就有孔子引用《尚书》的许多例子。孔子崇尚古代"圣人之言""圣人之治",实际上是对"圣人"作出自己的解释,以表达他的社会政治理想,并对现实政治进行评判。他以此教育学生,也是使学生树立起自己的理想,以此影响社会政治。

《礼》即三代之《礼》,但主要是"周礼"。因为经过孔子的考察研究,三代之"礼",只有"周礼"是比较完整且能够"征"即证明的。但后来有所谓"三礼"之说,即《仪礼》《周礼》和《礼记》。《仪礼》主要记载礼节仪式之类。《周礼》记载周朝"设官分职"的制度,相传为周公所作。《礼记》是对礼仪、制度的一些理论发挥。据司马迁说,"礼记自孔氏"④,即孔子作《礼记》,但当时有无《礼记》这部书,很难说。现代学者普遍认为,《礼记》是孔子以后战国时期的作品。《仪礼》与

---

① 《论语·季氏》。
② 《史记·孔子世家》。
③ 《孟子·尽心下》。
④ 《史记·孔子世家》。

《周礼》的作者则迄今无定论，但是，其中反映了古代特别是周朝的一些典章制度，则是可以说的。

孔子经常将《礼》和《诗》并提，号召学生学习。他说："不学礼，无以立。"①说明《礼》是行为准则，如果不学习，就不知道如何立人。"礼"主要起规范作用，使人的行为有所遵循，成为有礼貌、讲文明的人。孔子要求学生，视、听、言、动都要合于礼，仁的品德也是通过礼而表现出来的。一个人如果有仁心而不合于礼，不免会有些"野"；一个人如果只有勇而不合于礼，那就会出乱子。在《礼的学说》一章，我们谈了礼的主要内容和意义；在《文艺思想》一章，我们又谈了礼的艺术价值。这里，我们从教育学的角度着重指出，孔子为什么重视对于"礼"的学习，就足够了。

孔子说："君子博学于文，约之以礼，亦可以弗畔矣夫！"②"礼"的内容和范围十分广泛，与实践有直接联系，可以从"文"上说，也可以从"行"上说。从"文"上说，是指文献，即"经礼"；从"行"上说，是指实践，即"执礼"。因此，对于孔子的这句话，也可以从两方面去理解。一是将"约之以礼"的"礼"理解为"文"；如果是这样，"礼"包括在"博学于文"的"文"之中，但又是"文"之中具有理论性的部分，也是最简约的部分。这就是"由博反约"的意思。二是将"约之以礼"的"礼"理解为"行"，如果是这样，"礼"就是相对于"文"而言的，是专

---

① 《论语·季氏》。
② 《论语·雍也》。

讲实践的,即用"礼"来约束自己。这就是"博文约礼"的意思。不管是哪种解释,都要落到实践上。在实践上能够按"礼"而行,就不会离经叛道了。

《乐》即《六经》中的《乐经》,也是孔子教育学生的重要教材。《乐》已佚失,只在《礼记》中保存《乐记》一篇,但非孔子所作。孔子的"乐教"思想,我们在《文艺思想》中已有涉及,不再讨论。这里对孔子的"兴于诗,立于礼,成于乐"中的"成于乐",再作一点补充。所谓"成于乐",不完全是从时间顺序上说的,不是说先学《诗》,再学《礼》,学完《诗》《礼》之后,最后去学《乐》。所谓"成于乐",是从成德的层次上说的,也是从《诗》《礼》《乐》的教育功能上说的。就是说,学了《诗》,可以调动人的情感、兴趣和意志,并能表达自己的思想情感;学了《礼》,可以使人的实践行为有所遵循;学了《乐》,则可以体会到人生的乐趣,而追求人生的乐趣,正是学习的最终目的。因此,孔子对《乐》是非常重视的。

《乐》虽然是通过音乐的形式表现的,但是,其中有人生的道理,这才是孔子提倡"乐教"的根本原因。"礼云礼云,玉帛云乎哉?乐云乐云,钟鼓云乎哉?"①"礼"和"乐"都不在于它的外在形式,而在于它的实质内容。内容不离形式,但不能停留于形式,而要深入到本质。"乐"的本质就在于人生的快乐。因此,在学习中,要体会这个

---

① 《论语·阳货》。

道理。"知之者不如好之者,好之者不如乐之者。"①"学之"是获得性的,只能得到知识;"好之"则进了一步,产生了兴趣爱好;"乐之"则是自己心中之乐,可说是真正达到了学习的目的。学习而到了"乐以忘忧"②的地步,就不只是外在的学习,而是进入生命的体验,体会到人生的乐趣了。这时不用操琴弄瑟,也能体会其中的乐趣,而音乐,只具有象征意义。

孔子的学生子路,勇敢而且喜好音乐,经常在孔子那里弹瑟。孔子说,子路的瑟,为什么到我这里来弹呢? 学生们听后便对子路"不敬",即不尊重。孔子于是又说,子路的学问已经"升堂"了,但是还未"入室"③。孔子虽然从子路的弹瑟说起,但显然不是谈音乐本身,而是借此说明子路的学问做得如何。孔子虽然很喜欢音乐,但他更关心的是从音乐中体会出人生的道理。曾点"鼓瑟"的故事也是如此,当孔子从教育的角度谈到"乐"时,总是和学习的目的以及人生的意义相联系,而不是谈音乐本身。由于音乐具有巨大的教化功能,而且以使人快乐为其根本特征,因此,孔子以"成于乐"说明学习的最后完成。这里的"乐",主要不是指音乐本身,而是借音乐的功能以说明人生的乐趣。

"四教"中的"行",是指实践教育。孔子固然很重视"文",但他更重视"行",二者相比,"行"比"文"更重要,所以他主张"行有余力,

---

① 《论语·雍也》。
② 《论语·述而》。
③ 《论语·先进》。

则以学文"①,还主张"学而时习之"②。这所谓"习",便有实习、练习、实践的意思,不只是复习。

当然,实践也是需要理论指导的,孔子主张二者结合起来,更主张在实践中学习。在日常生活中有许多道理,不需要专门的书本学习就能懂得。因为在交往中,由于经验的积累和互相传递,特别是贤人的榜样作用,人们是知道如何去做的。只要善于观察,善于吸收,就能学到。所谓"见贤思齐焉,见不贤而内自省也"③,"三人行,必有我师焉,择其善者而从之,其不善者而改之"④,都说明,在实践中处处有老师,处处有佳言善行,只要勇于实践,是能够学会的,不仅如此,还可以从中体会出更多的道理。

这当然不是说,实践可以取代学"文"。上面所说的"文",是孔子教育的主要内容,不仅需要学习,而且要真正学通;不仅要"升堂",而且要"入室"。但是,学习的目的,最终还在于"行";学习的好坏,也在于行。因此,要把"文"与"行"统一起来,并把"行"放在首要地位。"行"是很难的,正因为如此,就需要更加努力。孔子本人就说:"文,莫吾犹人也。躬行君子,则吾未之有得。"⑤书本上的知识,我同别人大概都差不多,但是,作一个躬行践履的君子,我还未能成

---

① 《论语·学而》。
② 同上。
③ 《论语·里仁》。
④ 《论语·述而》。
⑤ 同上。

功。可见,孔子对"行"是多么重视。

孔子最反对那些言而不行的人,因为他教育学生的,归根到底是如何做人的道理;要做人,就要言行一致。"君子耻其言而过其行"①。就是以说得多而做得少为耻。"子贡问君子。子曰:'先行其言而后从之。'"②就是说,所谓君子者,先把要说的话实行了,再说出来,这样才有说服力。"子曰:'古者言之不出,耻躬之不逮也。'"③就是说,古人之所以不轻易说话,是因为担心自己的行为做不到。"子曰:'君子欲讷于言而敏于行。'"④就是说,君子说起话来很迟钝,但是做起事来却很敏捷。所有这些,都是强调"行"重于"言"的。

有人把言说看得很重要,说话说得很漂亮,却只说不做,或者说得多而做得少,或者说一套而做一套。孔子将这样的人称之为"佞人",只能惑乱人心。孔子也重视语言,特别是"雅言",但是,凡要说的,都要做到,而且先要做到,再去言说。因为衡量一个人的学问道德的,不是他的言说,而是他的行为。

"四教"中的"忠"与"信",是指品德教育。孔子把品德教育始终放在教育内容的中心地位,是为了培养出能够担当各种任务的品德高尚的健全人才。一个人的品德如何,不仅是他生活得有无价值和意义的重要标志,而且是能否得到别人信任、完成各种工作的重要

① 《论语·宪问》。
② 《论语·为政》。
③ 《论语·里仁》。
④ 同上。

保证。这二者又是互为条件、互为因果的。品德教育有多方面的内容,但"忠"与"信"是与人交往中最重要的品德。

"忠"似乎有两层涵义。一层涵义是指"忠恕"之"忠",是"己欲立而立人,己欲达而达人"的"为仁之方",即实现仁德的方法。第二层涵义"与人忠"之"忠",即如曾子所说,"与人谋而不忠乎"的一种品德,指忠诚。实际上,这两层涵义是有内在联系的,前者是后者的指导原则,后者是前者的具体应用。"忠"是指"心"而言的,以忠心待人,以忠心事人,即由衷地、发自内心地对待别人,才能问心无愧,把事办好。

"信"是指"言"而说的,即"言而有信"的"信",其涵义是实信、诚信,没有任何虚伪。这也是与人交往的一个基本原则。孔子说:"人而无信,不知其可也。"①一个人不讲诚信,就不知道说什么好了,其他的一切都无从谈起。孔子教育学生,无论干什么事情,都要以诚信待人,这样才能相互信任,树立良好的社会风气,形成良好的社会秩序。做了官,要以诚信对待人民,才能取信于民,因为"民无信不立";与朋友交往,要以诚信对待朋友,才能持久;曾子每日三次反省自己,其中的一条就是,"与朋友交而无信乎"。这是将孔子教育思想付诸实践的最好例子。又比如经商,更要以诚信待人,才能取得成功。孔子的弟子子贡,就是遵循老师的教导,才取得巨大成就,成为"巨富",并享有很高威望的。诚信之对于人,其重要性是不言而

---

① 《论语·为政》。

喻的。早在两千多年之前,孔子就以诚信教育学生,是很有远见的。他的学生分布在四方,从事不同的职业,取得了很多成就,除了他们的知识才能之外,讲诚信是取得成功的最重要的保证。

孔子的教育,还有"四科"之说。"四科"是后人总结出来的说法,表示孔子的学生,按其不同特长或专长而分成四类,有点像今日大学里的系科。但孔子并没有分系,孔子基本上是实行"通识"教育的。他的学生确实有不同专长,他也是按其专长进行教育的,但是基本的教育内容如"以四教""以六艺教"则是共同的。

《论语·先进》记载:"德行:颜渊、闵子骞、冉伯牛、仲弓。语言:宰我、子贡。政事:冉有、季路。文学:子游、子夏。"这虽是孔子弟子的记述,但是反映了孔子教育的实际情况。在孔子的学生中,这十人是最突出、最有成就的,也是最有代表性的。他们被归入四个不同的门类,是因为他们在这四个方面成绩最好、成就最大。但是,这四个门类具有某种普遍性,其他学生也可以按其特长而归入其中。当然,仔细分起来,也可能不止这四类,就这十人的成就而言,也不止于其中的一类。这里所记,反映出教育分科的某些观念。这些观念,对于教育的发展,可能具有某种意义。有趣的是,在近代以来的大学中,确实有语言、文学、政事(即政治)、德行(即伦理)这样的系科设置。虽然古代的"文学"与当今的"文学"并不完全一样,但是,从教育发展的历史来看,孔子教育的分科,从某种意义上说,是近现代教育的雏形。

四、教育方法

孔子的教育方法,灵活多样,内容丰富,富有创造性,具有永久的价值。这方面,今人谈论得很多,这里不准备全面讨论。现在只提出其中比较重要的一些方法,说明这位教育家对人类教育事业所作的贡献。

(一) 无知与有知

孔子是博学多识的大教育家,学生从四面八方而来,抱着各种各样的目的向他求教,但他却从不以权威自居。当时就有人认为,孔子是天生的圣人,但孔子说,他从未见过圣人,更何况他自己。孔子说过:

> 生而知之者,上也;学而知之者,次也;困而学之者,又其次也;困而不学,民斯为下矣。①

这句话被认为是孔子承认有生而知之者,他本人就是生而知之者。但孔子的这句话,恰恰是强调学习的重要性,至于"生而知之者",只是一个未定之词,或假设之词。在孔子看来,世间并没有生而知之

①《论语·季氏》。

的人，除了上帝，但孔子是不信上帝的。① 孔子没有说过，圣人是不是生而知之者，但他从未见过圣人，更不承认自己是生而知之的圣人。

> 子曰："若圣与仁，则吾岂敢？抑为之不厌，诲人不倦，则可谓云尔已矣。"公西华曰："正唯弟子不能学也。"②

> 子曰："我非生而知之者，好古，敏以求之者也。"③

孔子明确表示，他并不是天生有知识的人，他的知识全是在勤奋学习中得来的。孔子曾多次对学生谈到这个问题，就是为了说明，知识来源于学习，而不是什么天才，而学习是人人能够做到的，因此不能丧失信心。这既是对他本人的述说，也是对学生的期望和要求，表现了他实事求是的态度。

孔子不仅不承认他是无所不知的，甚至认为自己是"无知"的，对于一位大学问家来说，这是非常难能可贵的。有些人，以为自己很有知识，常常摆出一副权威的架子，与孔子相比，就显得非常可笑了。孔子非常坦诚地说：

> 吾有知乎哉？无知也。有鄙夫问于我，空空如也。我扣其两端而竭焉。④

---

① 见第二讲"天人之学"。
② 《论语·述而》。
③ 同上。
④ 《论语·子罕》。

我有知识吗？没有。有个老百姓问我，我什么也不知道。我只是从问题的两端反复扣问，才找到了答案。这说明，世界上的知识是无穷无尽的，没有现成的知识答案，只有问题。遇到问题后用各种方法去解决，才能得到知识。"扣其两端"就是一种方法。

孔子有一句名言："知之为知之，不知为不知，是知也。"①意思是，知道就是知道，不知道就是不知道，这就是"知"。这最后一个"知"字，究竟是指智慧，还是指知识？如果是指智慧，那就是一种理性精神或能力；如果是指知识，那就是一种特殊的知识，而不是通常所谓知识。其实，两种解释有相通之处。苏格拉底说，"我知道自己无知"。这同孔子的说法很相近。知道自己无知，才能不断求知；越是不断求知，越知道自己无知。"无知"是获得知识的基础和动力，孔子有这种智慧或"自知"，所以才能"学而不厌，诲人不倦"，也才能要求学生在求知的道路上永不停息，更不能以有了知识而沾沾自喜。

这是一个方法问题，更是一个态度和作风的问题。孔子教育学生，"言教"与"身教"并重，尤其重视"身教"。他经常用自己的亲身体会教导学生，用自己的实际行动影响学生，使他们正确对待自己。这种方式既有针对性，又亲切感人，能收到很好的效果。有人很喜欢凭空创造，没有坚实的知识基础，就发表议论和见解，针对这种情况，孔子说：

---

① 《论语·为政》。

> 盖有不知而作之者,我无是也。多闻,择其善者而从之;多
> 见而识之,知之次也。①

没有知识或知识不足而凭空创造的人,是有的,但我不是这样的人,
没有这样的嗜好。这实际上是反对一种很危险的学风,即没有足够
的知识,却要去创造。但是,从这里并不能得出孔子反对任何创造。
实际上,按照孔子所说,与"不知而作"相对立的,就是"知之而作"。
只要"多闻",择善而从,即选择好的接受下来,就能有知。亲眼所见
而得的知识,虽是次一等的,但也是知识。有了丰富的知识,才能发
挥创造。

这里举一个"不知而作"的例子。

> 哀公问社于宰我。宰我对曰:"夏后氏以松,殷人以柏,周
> 人以栗,曰,使民战栗。"子闻之,曰:"成事不说,遂事不谏,既往
> 不咎。"②

社是代表国家的土地神。祭祀用的社坛,要栽上树。鲁哀公问孔子
的弟子宰我,栽什么树。宰我回答说,夏朝栽松,殷朝栽柏,周朝栽
栗,为的是让人民战战栗栗,即害怕。孔子听到后,知道宰我说错
了,但事情已经发生了,不可挽回了,于是说,做过的事就不必说了,
完成的事就不必劝了,已经过去的事,也就不必追究了。但是从这

---

① 《论语·述而》。
② 《论语·八佾》。

里应当吸取深刻的教训。

（二）学与思的结合

孔子教育学生的一个重要方法，是主张学与思的结合，为的是使学生得到完整而系统的知识，并懂得如何去学习。

学与思的关系，是讲认知问题。作为学习方法，要在学习的全部过程中体现；作为教育方法，要使学生懂得为什么要这样做，如何才能做到这一点。它属于孔子教育思想中的认知理论，与教育心理学有密切关系。

孔子的教育，不是什么"天才教育"，而是一种"学习理论"，强调主动学习在人才培养中的作用，即只有学习才是获得一切知识的基础。但这并不否定人的先天的素质条件和内在潜能。孔子的基本观点是，人的先天素质只有在后天学习中才能发挥，人的内在潜能只有在后天学习中才能实现。实现潜能的过程，正是学习的过程，因此，学习是决定性的。但学习所得，是一些未经组织提炼和提升的经验性知识，虽然很重要，是"真理"（即"道"）的基础，但是，必须经过"思"，即思维运作，总结出条理，才能变成"真理"。思维虽然需要知识，但它本身是非经验的，理论性的。

学习的途径多种多样，归纳起来，主要有两种途径：一是向文献学习；二是在实践中学习。这两种途径都是孔子所强调的。孔子所说的"学文"，就是指文献学习，或主要指文献学习。作为学校教育，文献学习不仅是必要的，而且是主要的学习途径。文献中包含着大量的历史经验，而人类的文化知识，就是靠历史文献保存下来的。中国是一个历史文献非常丰富的国家，也是很重视保存历史文献的国家，从孔子开始就是如此。但是，孔子在传授文献知识的同时，是经过他的"述"即解释的，这就需要"思"。而学生在接受这些知识的时候，也要经过"思"，这样才能消化，变成自己的东西。

孔子也很重视在实践中学习，即在日常生活中学习做人的道理。这同后来的"专业"教育确实很不同。现在我们渐渐懂得，学习知识，首先要学会做人这个道理。

> 子曰："君子食无求饱，居无求安，敏于事而慎于言，就有道而正焉，可谓好学也已。"①

> 子夏曰："贤贤易色；事父母，能竭其力；事君，能致其身；与朋友交，言而有信。虽曰未学，吾必谓之学矣。"②

"敏于事而慎于言"，就是不要在口头上夸夸其谈，而要在行动上把事情做好，这就是"好学"。正如子夏所说，对待妻子，要重贤德甚于容貌；对父母，要竭尽全力；对君，要有献身精神；对朋友，要言而有信。这些事情都做好了，虽说不是学习文献，我一定会说这就是学习。至于"就有道而正"，则是向有道之人学习，改正自己的缺点与

---

① 《论语·学而》。
② 同上。

不足。尽心于此,也是好学。

但是,只有学习还不够,还必须认真思考,上升到理论的高度。只有经过"思",才能将所学的知识融会贯通,变成系统的理论知识。理论知识不是个别的,是具有普遍有效性的。孔子认为,理论知识的特点就是简约,即"博学于文,约之以礼"的"约"。它虽然简约,却能成系统,成为普遍适用的"原则"。

孔子所说的"思",是一种理性思维,不同于具体的经验知识。但它又不是纯粹理性的逻辑、概念思维,不是"逻各斯",这同西方传统文化中所谓"思想"还是有区别的。因为孔子的教育,从根本上说是一种人文主义教育,他所谓"知",基本上是有关人的学问。因此,孔子所说的"思",基本上也是有关人生道理的智慧之思,不是单纯的对象思维。但"思"之作为"思",总有一些共同的特征,这就是具有普遍性,包括普遍的理论形式,而不只是一些个别经验的简单组合。学与思的结合,就意味着既不能依靠单纯的经验知识,又不能依靠纯粹的理论形式,而是将经验与理论、内容与形式结合起来,变成具体而又普遍的知识。

因此,孔子提出了一个重要思想:"学而不思则罔,思而不学则殆。"①就是说,只读书学习而不思考,则容易迷惘;只凭空思考而不学习,则容易出危险。反过来说,在学习中运用思考,就会使所学有所遵循;在思考中不离学习,就会使所思有坚实的基础。作为学习

---

① 《论语·为政》。

和教育的方法,学与思可以分开说,各有不同的职能和作用,其心理机能也不同。学是通过耳目闻见获得知识,通过记忆储存知识;思则是通过"心"的思维作用进行推理活动,贯通知识。但是,作为整个的认识过程,则是学中有思,思中有学,二者是结合在一起的;作为其结果,则是完整的有系统的知识。当然,这所谓"结果",并不是最终结果,学习是一个人一生的任务,永远没有最终结果,有的只是一些不同的阶段。但它总是不断前进的,只要坚持不懈,就能进入很高的境界。孔子对他一生学习阶段的总结,就说明了这一点。

学生中有人只看到孔子"博学多识"的一面,因而把注意力放在学习上而忽视了思考。于是,孔子通过与子贡的对话说明了思的重要:

> 子曰:"赐也,女以予为多学而识之者与?"对曰:"然。非与?"曰:"非也,予一以贯之。"①

当孔子问子贡"你以为我是博学而多识的人吗"这个问题时,子贡果然回答说,是这样,难道不是吗?这时,孔子郑重地说,不是,我是"一以贯之"。关于"一以贯之",在第三讲"仁的学说"中已经讨论过了,现在只从方法的角度指出,如何才能"一以贯之"?当然是通过"思"。只有"思"才有这种功能,能够将经验组织起来而又超出经验,变成统领经验的普遍原则,正如用一根线将钱串起来一样。这

---

① 《论语·卫灵公》。

样,知识就不是零散的,而是系统的。

又有人喜欢思考,却忽略了踏踏实实的学习。对此,孔子认为是走到另一个极端了。

> 吾尝终日不食,终夜不寝,以思,无益,不如学也。①

孔子通过自己的经验指出,他曾经终日不吃,彻夜不眠,思考问题,却毫无收益,不如去学习。这当然不是说,从此不要去思考,而是说,只是费心劳神地思考,不以学习的知识为基础,是毫无用处的。可见,学与思应当有机地结合起来,不可偏废,才能获得完整而有系统的知识。

需要指出的是,思有一个重要特点,就是怀疑精神。有人可能认为,孔子的教育和学习理论,缺乏怀疑精神,只是教人接受古人的知识,"信而好古"。"好古"固然是孔子教育学习的一个重要方面,但孔子也是提倡怀疑的。他说过"疑思问"②,就是主张怀疑,只有怀疑,才能向别人请教。孔子还说过,"多闻阙疑,慎言其余","多闻阙殆,慎行其余"③。"阙疑""阙殆"就是存疑,对于有怀疑的地方,不要盲目地去说去做,而要存起来,以便将来解决。这是一种重思的理性精神。

孔子似乎没有提出"为什么"的问题,但是却提出了"如之何"的

---

① 《论语·卫灵公》。
② 《论语·季氏》。
③ 《论语·为政》。

问题。这是很有意思的。一般认为,"为什么"是一个事实存在的问题,追问事物何以如此的原因。"如之何"是一个价值观的问题,在实践上如何去做才对。但是,在孔子这里,二者不是界限分明、决然对立的,二者倒是统一的。在"如之何"之中便有"为什么"的问题。因为孔子是主、客体统一论者,不是二元论者。"为什么"是一个理性认识的问题,"如之何"也是理性思维的问题,不过,其中确实有强烈的价值因素,即"应当"的问题。

> 子曰:"不曰'如之何,如之何'者,吾未如之何也已矣。"①

在孔子看来,人的思维应当面对各种复杂的情况,找出其中的各种可能性,解决如何做的问题,而不仅仅是对事物进行解释。一个人如果不能提出"如之何,如之何"的问题,对于这样的人,我真不知道该如何办了。因为这样的人是不动脑子思考问题的,也就是缺乏理性精神的。应当说,这是孔子提倡"思"的又一层意思。

(三) 个性化教育

个性化教育又称"因材施教"。我们这里提出"个性化教育"而不用"因材施教",是为了突出孔子对个性的尊重,同时说明,个性化教育不只是现代教育所特有的。孔子并没有现代人以"自我意识"

---

① 《论语·卫灵公》。

为中心的个体观,但是,他对个体的性格、能力、才质、兴趣和特长是十分重视的,也是很尊重的。他的教育充分考虑到学生的这些个性特点,并且从这些个性特征出发,进行引导,既发挥各自的特长,又能全面发展。这同后来的所谓"集体化"的教育是不同的。

孔子教育中的"四科",就是根据学生的不同特长进行区分的,不是按照事先的"计划"和"设置"区分的。颜渊等四人在"德行"方面很优异,冉有、子路在"政事"方面很突出,宰我、子贡在"语言"方面很有成就,子游、子夏在"文学"(主要指文献)方面很有造诣,因而成为四个方面有突出贡献的代表。但这并不只是"专业"特长。这不仅是因为,在当时并没有专业设置;而且因为,孔子并不要求他们专攻一科,不管其他。实际上,这些学生都是全面发展的,只是在全面发展的基础上,各人表现出不同的性格倾向和兴趣爱好,孔子便根据他们的不同特点,进行引导,使其充分发挥各自的特长,因此才有这样的成就。比如"政事",固然是冉有、子路的特长,但别的学生同样可以胜任。有一次,季康子问孔子,子路、冉求和子贡三人能不能治理政事,孔子除了回答子路勇敢果断,冉求多才多艺,对于从政没有任何困难之外,还肯定了子贡的才能:"赐也达,于从政乎何有?"①即子贡通达事理,从政是绰绰有余的。

孔子的弟子很多,遍布各地,他们性格各异,兴趣不同,在孔子的感召之下,走到一起。对于弟子们的性格特点,孔子非常熟悉,了

---

① 《论语·雍也》。

如指掌,因而能够因材施教。但是,不同性格,既有优势的一面,又有不足的一面。孔子的方法是,鼓励其所长,克服其所短,这样就既能发挥其所长,而又能得到全面发展。

比如子路,是一位很有性格特点的学生,勇敢而直率。孔子很喜欢这位学生,但又经常批评和指导他。试举几例。

> 子曰:"道不行,乘桴浮于海,从我者,其由与?"子路闻之喜。子曰:"由也好勇过我,无所取材。"①

> 子谓颜渊曰:"用之则行,舍之则藏,唯我与尔有是夫!"子路曰:"子行三军,则谁与?"子曰:"暴虎冯河,死而无悔者,吾不与也。必也临事而惧,好谋而成者也。"②

> 子曰:"衣敝缊袍,与衣狐貉者立,而不耻者,其由也与!'不忮不求,何用不臧?'"子路终身诵之。子曰:"是道也,何足以臧?"③

第一条材料,说明孔子对子路的勇敢精神的信任和高度评价。道不行而乘船出海,这是孔子对他的终生抱负和处境的最重要的诉说和感叹,如果真是这样,他相信跟随他的将是子路。所以,子路听后很高兴。但是,子路的缺点是好勇而缺乏深谋远虑,因此,孔子又说,子路的勇敢超过了我,但是,只有勇敢就无所取了。第二条材料

---

① 《论语·公冶长》。
② 《论语·述而》。
③ 《论语·子罕》。

则进一步说明，像赤手搏虎，只身淌河，至死不悔这样的勇敢，是成不了事的，必须有谋而能成事者。第三条材料则表扬了子路不自卑，不嫉妒、不贪求的品格。但是，当子路只是念诵孔子的这些话时，孔子又说，仅仅这些品格，还不是很好（"臧"）呢。这就提示子路，还要在这些品格的基础上进一步深造。

孔子教育学生，不是千篇一律的，他能根据学生的不同性格，有针对性地进行教育。同样一个问题，对不同学生有截然不同的回答。比如：

> 子路问："闻斯行诸？"子曰："有父兄在，如之何其闻斯行之？"冉有问："闻斯行诸？"子曰："闻斯行之。"公西华曰："由也问'闻斯行诸'？子曰，'有父兄在'；求也问'闻斯行诸'？子曰，'闻斯行之'。赤也惑，敢问。"子曰："求也退，故进之；由也兼人，故退之。"①

子路和冉有都问同一个问题："听到后就去实行吗？"但孔子对冉有的回答是听到后就去实行；对子路的回答则是父兄都在世，怎么能听到后就去实行呢？这种截然相反的回答，引起了公西华的疑问。孔子解释说，冉有性格退缩，所以要使他勇敢些；子路性格太勇敢，所以要使他谨慎些。这是孔子因材施教的著名例子。从这个例子可以看出，孔子要求一种完美，使他的学生合于"中庸"之德。

---

① 《论语·先进》。

在孔子看来，"中庸"即无过无不及，是最高的"德性"（"至德"）。但孔子所说的"中庸"，并不是机械式的从两点取其中点，而是恰到好处。正因为如此，"中庸"是很难的。"中庸"作为最高美德，应当努力实现，但是，如果不能完全实现，狂、狷也是好的。狂者过之，狷者有所不及，但是和"乡愿"有本质区别。"乡愿"是"德之贼"。孔子门下多狂、狷之士。孔子说："吾党之小子狂简，斐然成章，不知所以裁之。"①又说："不得中行而与之，必也狂狷乎！狂者进取，狷者有所不为也。"②比如子张和子夏，就是弟子中的两个代表，子张志气高远，但往往过之；子夏注重细节，但有所不为。孔子教育学生，当然以完美为最大愿望，但是如果达不到，则只要奔着这个方向进行，即使有些过与不及，也是好的。这也体现出个性化的教育特征。

---

① 《论语·公冶长》。
② 《论语·子路》。

历史地位

在世界文化的"轴心时代"（雅斯贝斯），孔子在东方的中国，创立了儒家学派。这个学派在春秋战国时期，只是"诸子百家"中的一家。孔子本人，也只是诸子中的一员。但是，经过战国时期"百家争鸣"之后，儒家文化很快就成为中国文化的主流，孔子则成为中国文化的象征。在当今世界文化多元化和文明对话的时代，孔子更是代表东方儒家文化的世界伟人。

一、"百家争鸣"中的孔子

战国时期的"百家争鸣"，是中国文化的黄金时代。"百家"之中，最著名的有儒、道、墨、名、法等家。

道家的创始人是老子。《史记·孔子世家》中有孔子"见老子"的记载，但是，关于老子其人，司马迁已经搞不清了。《老子》其书的成书年代，争论就更大了。但是，有一件事是可以肯定的，从近年出土的郭店楚简中的《老子》完全可以证明,今本《老子》有一个形成演变的过程,楚简《老子》比起今本,虽不完整,却是最早的版本。在今本《老子》中,有批判儒家仁义孝慈学说的内容,但楚简《老子》基本上是肯定仁义孝慈的,只是在仁义之上,提出了一个"道"。在《论语》中,孔子有"攻乎异端,斯害也已"[①]这句话。但是这句话是什么意思,后人有各种不同解释。即使是解释成"攻读异端之学,是有害的",那也很难证明就是指道家。因为《论语》中并无批判老子道家的内容。《论语》中有对"隐者"的记述,但"隐者"并不能完全代表老子道家,而孔子只表明与他们"道不同"而已,并未针锋相对进行批判。老子主张"无为",孔子也有"无为而治"的话。"子曰:'无为而治者,其舜也与?夫何为哉?恭己正南面而已矣!'"[②]这说明,孔子思想,从一开始就有很大的包容性。后来的学者,大都认为,孔子主张"有为",而老子主张"无为",这其实是很不全面的。

墨家创始人是墨子,但墨子是在孔子之后。战国时期,儒、墨并称"显学",说明墨家影响很大。孟子以"距扬、墨"而著称,说明当时有影响的,除了墨家,还有扬朱为代表的道家。扬子"为我",主张"拔一毛利天下而不为"。这种学说确实很有特色,它与孔子的"为己"之学是很不同的。但是,这一派的学说经过孟子的批判,后来就再也没有发展了。墨家是公开批评儒家的。墨子提倡"天志"而反

---

① 《论语·为政》。
② 《论语·卫灵公》。

对孔子的"命",有明显的宗教内容。但墨子所反对的"命",主要指孔子学说中的"命定论"思想,至于孔子的"知天命""畏天命"的更深一层的意义,似乎未能进入墨子的视界。而这些思想后来成为儒家"天人之学"的最重要的问题,其影响既深且远。墨子的"兼爱"思想也受到孟子的批判,而其兼爱思想的实质是"兼相利",即提倡功利。儒家并不一概反对"功"和"利",但是,将"道"和"义"提升为第一原则,作为人生的准则,这一点确实是儒家思想的特点。至于墨家的认识论和逻辑思想,则代表了中国文化发展的另一个重要方向,但是,除了其中的某些部分被儒家荀子吸收之外,并未得到进一步发展。儒家关心社会人文的价值终于占了主导地位,而墨家文化到汉代以后基本上消失了。

名家和后期墨家一样,代表了中国文化的另一个发展方向。他们把人和自然区分开来之后,将人变成认识者,将自然界变成被认识的对象,由此确立人在自然界的地位及其相互关系,因而具有明显的知性特征。如果说墨家更重视经验认识,那么,名家更侧重于概念性认识。但是,名家以其"无用"而受到荀子等人的批判,以后也就逐渐消失了。

战国后期兴起的法家,主要是一种政治文化,在秦国统一全国的过程中发挥了很大作用。法家是公开批判儒家的又一个重要学派,他们提倡以"法"治国而不是以"德"治国,但是,他们所说的"法",并不是建立在"权利"观念之上的"法治",而是巩固君主权力的刑罚,和"权术"是联系在一起的。他们批判孔子的仁义学说,认为人与人之间只有赤裸裸的利害关系,而无仁义可言,因此要以赏罚治之。秦始皇运用法家学说建立了中央集权的专制制度,用"焚书坑儒"的办法巩固其专制制度。但是,这个政权很快就被推翻了。汉代的儒家总结了历史经验,又重新提倡儒家学说,孔子的地位开始上升。而法家在完成它的历史任务之后,就再也没有作为一种文化形态继续存在了。

此后两千多年来,中国文化就只剩下儒、道两家。这是中国文化发展的自我选择。儒家经过孟子、荀子等人而继续发展,道家则至庄子而大兴。但庄子实不同于老子。庄子提倡人与自然和谐相处的美学化、艺术化的人生,强调个人的自我超越的精神自由,这些思想在中国文化中产生了很大影响,并且在后来的发展中被儒家所吸收。有人说,中国文化的发展是"儒道互补",这有一定道理,但这只是从功能、作用上说。就其根源而言,我认为是"儒道同源"。这所谓"源",正是从中国文化的源头上说的。这个源头,就是"天人之际"的问题,即人与自然的关系问题。老子和孔子都否定了殷周以来上帝为最高主宰的宗教文化,开始探讨人与自然的关系问题,但两人各有侧重。一般而言,老子更强调"自然",孔子更强调"人文"。但是,老子思想也有深厚的人文因素,孔子思想则有明显的自然成分。他们二人都不是将人与自然分离开来,对立起来,各自强调其中的一面。因此,不能将老子和庄子说成是纯粹的"自然主义",也不能将孔子说成是纯粹的"人文主义","天人合一"才是他们共同追求的最高境界。这正是儒、道两家能够长期存在和发展的根源所在,也是至今具有生命力的根源所在。当然,两家的区别也是明显的。以庄子为代表的道家,更强调个人与自然相统一的超社会的"天人合一"境界,而以孔子为代表的儒家则追求人与社会、自然整体和谐的"天人合一"境界。

二、汉代宗教化中的孔子

就其政治涵义而言,汉代文化是统一的帝国文化。经过汉初短暂的"无为而治"之后,儒家文化逐渐居于主导地位,孔子则成了"为万世立法"的宗教式的人物。

在儒学意识形态化的过程中,汉代大儒董仲舒起了重要作用。在他著名的"天人三策"中,董仲舒第一次提出,要废除其他各家的学说,用孔子的学说来统一全国人民的思想。

从文化的意义上说,董仲舒建立了以"天人感应"为核心的包括人与自然在内的宇宙论学说。其主要特征是,以天为最高主宰,将孔子的儒学进一步宗教化。但是,董仲舒所说的天,虽然有目的有意志,能够赏善而惩恶,却与孔子以前的上帝观念有区别。天既是人格化的,却又具有自然界的许多特性。他吸收了阴阳五行学说和四时运行的自然知识以说明天的构成,同时却又说,天是万物之祖,更是人的曾祖。关于董仲舒的学说,我们不去详细讨论,我们关心的是,天的人格化,意味着儒学的宗教化,而孔子就变成了宗教的教主。

汉代提倡经学,以儒家"五经"(《易》《诗》《书》《礼》《春秋》)为经典,设博士官。经学中又分"古文经学"与"今文经学"。所谓"古文经学",是指从壁中发现或由各地献上来的用古文写成的经书;所谓"今文经学",是指由当时的经师口授、再由弟子用当时的文字记录下来的经书。但是,"古文今文"之争,后来演变成学派之争。前者注重文字考证和训释,后者则重视其中的"微言大义"。当时的学者认为,"五经"是孔子所作。董仲舒是今文经学的大师,特长治"春秋学"。《春秋》一经又分左氏、公羊、穀梁三传,董仲舒是公羊学的代表人物。公羊学讲"微言大义",据说,孔子对《春秋》的"笔削"就体现了其中"微言大义"。这些"微言大义"能够为万世立法,孔子是一位能为后世立法的圣王。但孔子虽有圣王之实,却没有圣王之位,因此,公羊学家封孔子为"素王"。

到了东汉,"谶纬"之学盛行,其中充满了迷信成分。"谶"是预言一类的隐语,"纬"是对"经"的发挥,其中有许多神秘故事。"谶纬"之学是中国文化发展中的一个特殊现象,意在神化孔子,为当时的政治服务,其中有许多荒诞不经的内容,但是也有一些科学因素。在纬书中,孔子变成了一个能预言未来的很怪异的神("黑帝之子")。

孔子的学说,具有深刻的宗教精神。其中,敬畏天命的思想就表现了这一点。但是,天不是决定一切的人格神,而是创造万物的自然界,不过,这个创造万物的自然界,具有人力所不能改变的神圣性。在孔子思想中,天还保留着某种神秘性,但从根本上说,已不是有意志的上帝,而是自然界的生命创造及其目的性(即命)。孔子的敬畏,就是敬畏自然界的神圣价值和使命,这种价值和使命正是要人来实现的。这就是"人能弘道,非道弘人"的真正含义。孔子从不以上帝的使者或上帝的神圣意志的代言人而自命,而是以完成自然界赋予自己的使命而自任。汉代的宗教化运动,将天说成是人格化的神,将孔子也说成是神,这是对孔子学说的宗教化的发展。

但是,董仲舒的"天人感应说",指出了天人之间存在着某种相互作用、相互影响的目的性关系。特别是他的"谴告说",认为人间的统治者如果违反了"天道"或天的命令,就会受到警告,如果还不纠正,就要受到惩罚。这是一个很重要的思想。如果去掉天神的目的论观念,只就人与自然界的关系而言,包含着生态学的内容。其中的一个重要思想是,自然界本身也是有目的性的——它不是超自然的神的目的,而是自然界本身所具有的生命目的。这是他的有机整体论的宇宙学说所预示的。董仲舒说:"天人相与之际,甚可畏也。"[1]这句话如果不从神学目的论,而是从自然目的论的角度去理解,是很有意义的。就此而言,他从外在化的方面发展了孔子敬畏天命的学说。

但是,董仲舒毕竟是不纯粹的神学目的论者。他的学说既不完全符合孔子的思想,也没有被后来的儒者所接受。到东汉时,王充

---

[1] 《汉书·董仲舒传》。

批判了董仲舒的"天故生人"的神学目的论,用"自然无为"的观点解释人的生命来源,将天人关系建立在机械式的因果关系之上。他虽然自称接受了道家学说,但是严格说来,他的学说与道家的"自然无为"并不完全一致。它没有形而上的成分,而是从当时的自然科学中吸取知识,以说明其观点。王充还写有《问孔》《刺孟》等篇文字,但他并不反对孔子,只是对孟子的某些观点进行了批评。他是一位独立的思想家,但有时又自称是儒者。王充的思想,在某种意义上可视为儒、道结合的最早的一次尝试。其因果论的思想,同样没有被后来的儒者所接受。

三、儒、道、佛并存时期的孔子

中国文化是多元的,儒家文化是在与道家文化、佛教文化的相互影响中发展的。孔子在中国文化发展中的地位也是有变化的,但是,他作为儒家圣人的地位却是不变的。

魏晋南北朝是"玄学"盛行的时期。所谓"玄学",是以解释、发挥道家思想为主要特征的文化思潮,故又称为"新道家"("新道家"是冯友兰先生提出的,今人时有用之者)。玄学兴起之时,有所谓"三玄",即《老子》《庄子》《周易》,但是其中的《周易》并不是道家著作。这说明,玄学从一开始就有融合儒、道的倾向。最早的玄学家何晏有《论语集解》,最著名的玄学家王弼则有《周易注》以及对《论语》的解释。他们都承认孔子是圣人。

　　玄学融合儒、道的方式，通常是以道解儒，以老庄解孔，使孔子成为道家化的圣人。比如玄学中讨论的一个重要问题是"有"与"无"的关系问题。"无"代表无形而普遍的本体，"有"代表有形而具体的存在。按照一般人的观点，道家的圣人达到了"无"的境界，所以是"体无"的；儒家圣人则只停留在"有"的层面，所以是"存有"的。但王弼却做出了不同于一般人的解释。刘劭《王弼传》中记载，裴徽问王弼，既然"无"是圣人之所"资"，为什么孔子不言，而老子却不停地谈论呢？王弼回答说："圣人体无，无又不可以训，故不说也。老子是有者也，故恒言其所不足。"圣人"体无"，是说孔子完全地达到了"无"，与"无"合而为一了，而"无"又不是认识对象，不能言说，故"体无"者不言"无"。老子则未达到"无"的境界，只停留在"有"的层面，因此，将"无"作为对象去认识，去言说，而且不断地言说。这样看来，孔子的境界比老子更高，真正达到道家所谓圣人的境界了。这虽然是以道解儒，将孔子道家化，但同时也说明，王弼对孔子是很推崇的。事实上，王弼对孔子的这个解释，对后来的新儒家也有影响。

　　"有"和"无"是统一的，还是对立的？这是玄学家们争论的又一个重要问题。拿性和情的关系来说，玄学家一般是以"无"为性，以"有"为情的。何晏认为，二者是不能统一的，因此，他提倡"圣人无情说"。圣人既然能"体无"，就是以"无"为性，因而不再有情。但王弼则主张二者的统一，因此认为圣人有情。王弼说，圣人"茂"于人者,神明也;同于人者,五情也。神明"茂",所以能"体无",五情同,所以不能没有各种情感以应物,只是圣人"应物"而"无累",即不为外物所牵连①。王弼所说的"神明",就是性,是理性而不是一般的知性。这种特殊理性能够与"无"合一而实现"无"的境界,但是并不排除人的情感。王弼的一个重要思想是"性其情",即以理化情,以情顺理,实现二者的统一。这与他的"举本统末"的思想是一致的。按照王弼的这种理解,孔子作为圣人是本末一贯、性情统一的。这一点对后来的新儒学也产生了重要影响。

玄学中还有"自然"与"名教"问题的讨论。这个问题直接牵涉到儒、道关系。儒家提倡"名教",而道家提倡"自然",这是儒、道两家在其发展中各自表现出来的主要倾向,也是当时人们的共识。特别是经过东汉末年在"名教"问题上暴露出各种不良倾向之后,这个问题就更引起玄学家们的重视。玄学中的嵇康,就公开主张"越名教而任自然""非汤武而薄周孔",表明他对儒家的批判。嵇康所说的"任自然",就是超越社会名教而任其自然之性,恢复人的本真。但是,玄学中的另一位著名人物郭象,却主张"名教"与"自然"的统一,也就是儒、道合一。他所理解的圣人,"虽在庙堂之上,亦无异于山林之间"。"庙堂"即代表"名教","山林"则代表"自然"。在"名教"中之人,同样可以实现"自然"本性。他公开主张,仁义就是人性,又能通向自然。实际上,郭象的"崇有"之说,意味着孔子被玄学

① 《三国志·魏书·钟会传注引》。

化之后，又一次在寻求自然与社会的统一中得到了进一步肯定。

玄学之后，随着印度佛教文化的全面传入，儒家文化遇到有史以来的第一次挑战。佛教文化作为外来的宗教文化，在本土化的初期，利用了道家的一些名词、述语（"格义"），但是与儒学发生了许多冲突。比如，佛教的个体解脱（小乘）的教义就同儒家伦理观发生了对立。东晋慧远的《沙门不敬王者论》很能说明这一点，而"神灭论"与"神不灭论"的辩论，则反映了理论层面的冲突。隋唐时期，佛教成为中国文化最有影响的势力，各大宗派林立。但其中最主要的宗派如天台宗、华严宗和禅宗，则已经是中国化的宗教了。虽然如此，它仍然具有外来文化的基本特征。由于佛教理论的思辨性以及"众生平等""人人成佛"等宗教号召力，很多知识分子被吸引过去。但是，儒家文化在社会、政治、教育和广大基层仍然发挥着主导作用。在文化艺术领域出现了多元化的繁荣景象，但一些著名诗人如李白、杜甫等人的伟大诗篇，仍然体现了道家和儒家的文艺观。唯独在理论层面，在一个相当长的时期，儒学陷入沉寂，这也是事实。

但儒学的发展并未中断，正如后儒所说，圣人（孔子）之道"不绝如丝"。孔子被（官方）封为"至圣先师"，孔颖达的《五经正义》则是代表当时孔子学说的主要著作。唐朝中后期的"古文运动"，更是文化界掀起的第一次儒学复兴运动。这既是一次文学运动，又是一次思想运动，"文以载道"是其主要宗旨。这个"道"就是孔子之道。韩愈的《原道》，提出了儒家的"道统说"，将孔子的"仁义"规定为道之"定名"，即确定而不可易的内容，贯彻到社会的各个方面。他的《原

人》，则以恢复孔子的人性学说为目的。柳宗元、刘禹锡等人都以
"文以载道"为宗旨，提倡孔子学说，同时表现出吸收、融合佛教思想
的倾向，为以后的全面的儒学复兴揭开了序幕。

四、宋明儒学中的孔子

宋明时期，儒学（又称"新儒学"，相应地，宋明儒家又称"新儒
家"。"新儒家"之名首先由西方人提出，冯友兰先生首先采用）取代
佛学而成为中国文化中的主流思潮，并持续七百多年之久，不仅深
入到社会生活的各个方面，而且对周边国家乃至世界其他地区和国
家发生了影响。正是在这个时期，孔子的文化价值观成了中国文化
的核心价值，孔子本人成为中国文化的象征。

宋明儒学不同于宋以前的汉唐儒学的一个明显的变化是，其经
典依据已经由"四书"（即《论语》《孟子》《大学》《中庸》）取代了原来
的"五经"（即《诗》《书》《易》《礼》《春秋》）。汉、唐时期的儒家文化，
是以"五经"为经典的。按照一般的说法，"五经"虽然经过孔子的整
理、"删削"，但仍被认为是由孔子以前的圣人所传，特别是周公所
传。相传周公"制礼作乐"之后，就成为最受儒家推崇的圣人。孔子
的"述而不作"，就是传周公之道。孔子曾以"吾不复梦见周公"这种
隐喻式的方式表达过他对周公的崇拜，就是一个最明显的例子。虽
然汉代儒者曾把孔子塑造成"素王"和神的形象，但是并没有将《论

语》变成经典。宋儒用"四书"取代"五经"，固然是思想发展的需要，但是，《论语》成为经典，就意味着孔子的圣人地位真正被确立了。"四书"中的其他三种，与《论语》一起成了经典，但都在孔子之后，都是阐发孔子思想的。孟子的地位也得到了提高，成为"亚圣"（宋以后的事），他是传孔子之"道"的。特别是朱熹集毕生之力，完成《四书章句集注》，成为科举考试的标准答案之后，孔子的影响就深入到各个方面了。

宋儒用"四书"取代"五经"，特别是《论语》正式变成经典，从文化史的角度讲，说明了一个事实，即儒家文化是由孔子开创的，儒家思想是由孔子奠定基础的。儒家虽有"道统"之说，从尧、舜、禹、汤、文、武、周公到孔子，韩愈又加上孟子，宋以后又加上"二程"、朱子，但真正建立儒家之"道"的是孔子，这是无可置疑的。宋明儒家建立了各自的儒学体系，内部也有不同流派（所谓理学、心学等），但是，他们都以继承和发挥孔子思想为己任，都以孔子为圣人，这一点也是无可置疑的。有人说，讲儒学或儒家文化，应当从孔子开始，这是完全正确的。

现在的问题是，宋明儒家在哪些方面发展了孔子思想？他们是如何发展的？他们又是如何解决儒学与佛、道之间的关系的？只有解决了这些问题，才能从实质上说明孔子在新儒学中的地位。而要解决这个问题，不是三言两语能够说清的。为此，我们只能粗略地提出一些提纲式的说明。

新儒家的根本宗旨是恢复儒家的核心价值，解决人与自然界的关系以及人的存在的意义和价值的问题。但是,他们首先需要面对佛家和道家提出的挑战。这既是新儒家的时代课题,也是恢复儒学的先决条件。他们之所以批判佛、道,正是为了回到儒家文化价值的基点之上,重新肯定人的生命意义;但是,他们不能也不可能简单地回到孔子,而是必须经过重新解释,并且回答佛、道特别是佛教文化提出的各种问题,才能完成这项使命。而要回应佛、道的挑战,就需要吸取它们的理论成果。这是中国文化发展的必由之路。事实上,儒、佛、道从一开始就是互相影响、互相吸收的。这是一个漫长的过程。佛教在中国的传播、发展的过程,就是不断吸收中国文化(包括儒、道)的过程,比如中国化的禅宗,就吸收了道家庄子和儒家孟子的许多思想。而新儒家也正是通过吸收佛、道的理论成果,才重建儒学的。他们将儒学纳入到一个新的话语系统之下,转到佛、道共同关心和讨论的一些普遍性的问题上来,经过转换之后,使儒家的价值内涵得以确立。这就意味着,他们需要建立一套宇宙本体论的学说,同时还要有一套心性论的学说,以及功夫论的方法,用形而上的语言,将人与天(自然)真正统一起来。因此,从形态上说,他们使用了"体"与"用"、"形而上"与"形而下"、"性"与"情"、"理"与"气"、"涵养"与"致知"、"理一"与"分殊"等许多概念,以"建构"(并非真正的建构主义)其理论体系,而在实质上却抛弃了佛、道的"空"、"无"之说,代之以"有无统一"的学说,将价值与存在统一起来。

为此,他们又返回到儒学传统,从《易传》《大学》《中庸》等富有形而上色彩的著作中寻求理论支持,发现其理论价值,作出新的诠释,最后回到孔子,将其思想中"引而未发"的内容阐发出来,使其获得新的生命。

西方有人说,一部西方文化史(哲学史),就是解释柏拉图的历史。但是,西方还有基督教文化。我们不必说,一部中国文化史就是解释孔子的历史。但是,新儒学的根本精神,确实是沿着孔子思想的基本方向发展而来的。比如,"性与天道"的问题最早是在《论语》中提出的,这实际上就是"天人之际"的问题。孔子虽然没有直接讨论和回答这个问题,但是,孔子的全部学说,其实都是围绕这个问题展开的。而宋明儒学的工作,从根本上说,就是解决这个问题的。因此,他们都以"孔颜之乐""吾与点也"的"天人合一"境界为人生的最高境界,就毫不奇怪了。又如,孔子以"生"为天的根本功能,以仁为其学说的核心,以"一以贯之"为其根本方法,以"知天命"为其根本环节,其中,隐含着许多很重要的内容。但在《论语》中,孔子只说出仁者"爱人"这一名言,却没有更多的解释。经过宋明儒的阐释,仁不仅是性,是理,是心德之"全体",而且以天地之"生道""生德"说明其宇宙论的根源,并以"爱之情"说明其实现,将"天地生物之心"与人之"仁心"贯通起来,使其具有普遍的哲学意义,并且进而将仁从"爱人"扩展到"天地万物一体"的境界,成为极富生态意义的生命哲学。宋明儒家的这些解释与发挥,其实并没有离开孔子思想的意涵,只是将其"发扬光大"罢了。

五、近代变革中的孔子

中国社会进入近现代之后，发生了"翻天覆地"的变化，经历着由传统农业社会向近代工业社会的转变。与此相应，中国文化则遇到西方文化的猛烈冲击，同时也暴露出它自身的许多弱点。正是在这一变革中，孔子的地位和命运也发生了根本变化。

首先需要指出的是，在改良主义思潮中出现的一次短暂而又值得重视的宗教化运动。戊戌变法的领导人康有为，曾代表当时的一部分知识分子，提出建立"孔教会"的主张，通过将孔子学说变成宗教，将孔子变成教主，建立一套宗教组织和仪式的方式，为当时的中国建立精神支柱。这在当时掀起了一场激烈的辩论。"孔教会"很快就"寿终正寝"了，这场辩论却留下了一些教训。

孔子的学说是不是宗教，这个问题从西方天主教传入中国之后就提出来了，记述孔子言论的《论语》也由于当时著名的传教士利玛窦、理雅各等人先后翻译成拉丁文、法文、英文而传播到西方，并受到高度重视。但是，由于过去中国没有西方式的宗教，而中西文化的交流首先是从宗教开始的，因此，有些人便用西方宗教的模式来理解孔子学说是不是宗教。同时，宗教又是文化的核心，代表最高价值，因而更能引起人们的重视。康有为认为，宗教作为文化价值的最高体现和指导，是全人类共同具有的，而中国缺乏这样的宗教，所以要建立一个宗教。康有为是当时的春秋公羊学家。汉代的公羊学就是在宗教的形式下提倡"改制"的。康有为认为，只有孔子学说能够充当宗教，但他是用西方基督教的模式来理解宗教的，这一点不同于汉代的公羊学，而是直接关系到中西文化的性质及其异同的问题。康有为不是如同太平天国时期的洪秀全，将西方宗教搬来，建立"拜上帝会"那样的宗教，而是以孔子为教主，建立中国自己的宗教，以作中国人的精神支柱。

孔子学说是不是宗教的争论，至今还没有结束，但是，有一点是可以肯定的，孔子学说决不是基督教式的宗教。以孔子为代表的儒学，具有强烈的宗教精神，但不是通过神学启示和信仰系统表现出来的，而是作为人的"终极关切"（蒂里希）以及对天即自然界的神圣性的"敬畏"表现出来的，因而具有很强的人文精神。康有为仿照西方宗教的模式建立中国的宗教，是不能成功的。

后来，随着西方科学、民主思想的传入，儒家文化进一步受到全面冲击，中西文化之争成为近现代中国文化论争的主题，而"先进"与"落后"，就成为中西文化的代名词。到了五四新文化运动，激进的知识分子终于提出"打倒孔家店"的口号，对孔子展开了全面批判。五四运动的根本目的是"救亡图存"，改变中国的落后面貌。他们把西方的科学、民主、自由等同中国的儒家文化对立起来，认为儒家是阻碍中国进步的根本原因，孔子则是这种文化的总根源。中国要进步，就必须打倒以孔子为总根源的儒家文化。陈独秀提出"最后觉悟之觉悟"，追寻中国落后的根本原因，从军事、经济、政治直到思想文化,认为思想才是最后根源。这实际上是一种文化决定论的观点。

"五四"对封建君主专制和纲常伦理进行了集中的批判,这种批判是有历史意义的。它将儒学中表现在社会政治层面的落后部分揭示出来,确有"启蒙"的作用。但是,文化问题是极其复杂的,文化与政治经济的关系更是复杂的。如果把奴性、服从、愚昧、无知等传统陋习统统归之于孔子,把封建专制制度统统归之于儒家文化,就是过于简单化的作法。孔子在历史上确实扮演了不同的"角色",有官方化的孔子,有知识分子的孔子,还有民间的孔子。"五四"时期的"一员猛将"鲁迅就说过,孔子的至高无上的地位"是权势者抬上去的"。被权势者抬上去的孔子同代表中国文化精神的孔子是不是一样,就值得研究了。民间的"孝敬"与家庭和谐是不是全是错的、落后的,也是值得研究的。至于孔子提倡的人与人、人与社会、人与自然和谐统一的思想,不仅是民族凝聚力的精神来源,而且具有更加深远的意义。总之,"五四"的批孔,既有其历史作用,又有文化决定论和缺乏深层分析以及急功近利的问题。

有人说,"文革"时期的"批孔",是"五四"的继续。对于这个问题,可能有不同看法。但是,这次"批孔",完全是一场政治斗争,缺乏任何文化意义上的建设与反省。它基本上是否定一切文化的。孔子所代表的中国文化,则更是"首当其冲"。这是一次全面扫荡,其后果之严重,已远远超过了"五四"。经过这场批判,孔子变成了人人喊打的"孔老二",中国传统文化变成了一堆"垃圾",只能与之

决裂,要"在一张白纸上画出又美又好的图画"。中国人失去了文化
认同感,人的尊严受到严重打击,竟不知如何做人。这种教训,至今
值得人们记取。

但是,除了"批孔"的潮流之外,还有一批从正面研究孔子并以
继承发扬孔子学说为职志的现代知识分子。他们将孔子视为中国
文化的代表,以同情和敬意对待孔子,并且认为,孔子的思想在现代
社会仍有其重要价值,不仅如此,孔子思想代表了中国文化的"根",
而中国人是不能离开这个"根"的。当代新儒家就是这样的一批人。
他们之中,除了个别的"实践家"(梁漱溟)之外,大部分是一批专业
化的学者,也大都是接着宋明"新儒家"讲儒学的。他们生活在中西
文化交流的时代,受过西方文化的教育或影响,因而,在不同程度上
接受并运用西方文化的观点和方法,重新解释孔子和儒学,使其能
够"现代化",成为中国的现代文化。他们是中国现代文化建设中的
一支很重要的力量,他们的工作是有成就的,当然,也有如何进一步
更好地解决中西文化关系的问题。他们的学说虽然各自不同,但是
在继承孔子这一点上是共同的。正是通过他们的努力,孔子的历史
地位得到了充分肯定。

六、改革开放中的孔子

中国的"改革开放",是改变中国历史命运的大事,同时也开创

了中国文化发展的新局面。孔子所代表的中国文化,重新受到尊重,得到广泛的传播,并且开始走向世界。

20 世纪 80 年代以后,孔子的地位开始发生了变化。虽然这个变化经历了很多曲折的过程,但是重新肯定孔子的潮流是不可阻挡的。由于孔子在中国文化中的特殊地位,他已经成为中国文化的象征,重新肯定孔子,就是重新肯定中国文化。

首先是"恢复历史上的孔子"。这是为了去掉加在孔子身上的许多不必要的"光环",也是为了去掉加在孔子身上的许多"罪名",恢复一个"本来"的孔子。人们都是透过自己的"视线"看孔子的,究竟有没有"本来"的孔子？就成为一个争论的问题。但是,历史上的孔子是存在的,虽然我们是通过文字记载知道孔子的,但孔子当过教师,周游过列国,提出过一套学说,留下了一本记述其言论的《论语》,这些都是历史事实。历史上的孔子和后来"塑造"的孔子确实是不同的,恢复历史上的孔子,就是为了认识真实的孔子。这是一种"历史的研究",遵循的是"科学的方法"。这个方法仍然是有用的。但是,这同自然科学的研究毕竟是不同的。自然科学的方法是将孔子作为过去了的"存在",进行所谓客观的描述,与现在和未来毫无关系；历史的研究,虽然遵循一些原则,但是将孔子作为历史过程中的活生生的人,借记忆来记述,他不仅关联到现在和未来,而且关联到我们的"内在的心境"①。

　　其次是"重新理解孔子"。研究孔子的论著已经很多，但是，对孔子需要不断认识，不断理解。每个时代的研究，都代表了每个时代的"孔子观"。理解孔子就不只是恢复历史上的"真实"的孔子，而是对孔子的言论即学说进行分析，作出解释。孔子说了什么，做了什么，孔子所说的话代表什么意义，针对什么问题，是在什么情景下说的，相互之间有何关系，这都是需要我们作出解释的，这种解释，总是带有解释者的问题意识和"前理解"，而解释者又有各自的文化修养和时代背景。但是，解释并不能成为纯粹主观的想象和随意的杜撰，而必须以孔子的"文本"为依据。"文本"不是凝固不变的，而是在理解中存在的。应当指出的是，虽然没有"纯粹客观"的理解，但是，真正的研究和理解，要尽可能地具有客观性。至于理解孔子学说的深层意蕴，就更是我们的任务。在这个层面上，既要依据历史，又要有"超越"历史的文化意识。因为任何有生命的文化内涵，都是经由历史记录传承的，又是能够穿越历史时空的。

　　再次是"重新评价孔子"。这是在研究和理解的基础上，对孔子学说的作用和贡献以及对现在和未来的影响，作出历史的和现实的评价。任何评价都具有"主观性"，但是，在一定的条件下，主观性也可以成为客观性。在现代的文化理念中，所谓主观与客观的绝对对

---

　　① 〔德〕卡西尔：《人文科学的逻辑》，关子尹译，上海：上海译文出版社 2004 年版，第 123 页。

立已经被超越了，人的"参与"越来越重要。但是，人并不是以"自我"为中心的独立主体，人是在一定的社会交往中存在的，这其中包括所谓"共同话语"（哈贝马斯），当然，更重要的还有生命体验。对于孔子这样的文化代表，我们不能仅仅当作"对象"去研究，去评价，而要作为文化生命的象征"符号"去对待，从中体会中国文化的生命价值。这与我们的生存方式直接有关，与人类的生存也有关，不只是主观的兴趣、爱好之类的问题。

目前在孔子和儒学的研究中，还有从某种纯粹功利的目的进行评价的做法，即以其是否有利于眼前利益如经济发展或是否有利于满足物质欲望、提高物质财富等为标准，来衡量孔子和儒家学说的价值，而不重视它的永久性的生命价值。我认为，这样的评价并不能真正揭示孔子学说的内在价值。衡量社会的发展，其中最重要的是人的发展以及人与社会、自然的关系，而孔子学说正是在这些方面具有永久的价值。

在世界文明对话中，孔子的学说已成为世界和平发展、建构和谐秩序以及相互尊重的最重要的精神资源而受到尊重。联合国教科文组织支持的《世界伦理宣言》，已将孔子的"己所不欲，勿施于人"作为世界人民共同遵守的"黄金规则"写进去。这说明世界文明对话不仅是可能的，而且是能够继续发展的。全球伦理建设，当然不止于一些共同的"伦理底线"，还有各种不同文化中更深层的问题需要相互理解，相互尊重，相互对话，但这至少说明，以孔子为代表的儒家文化，在与西方文化以及各国文化进行平等对话、增进了解的过程中是有独特贡献的。

孔子倡导的人与人、人与社会、人与自然和谐相处的精神及其广义的生态文化，对于可持续发展以及改进人类的生存方式，具有特殊意义。这已经受到世界的高度重视。瑞典科学家、诺贝尔奖获得者汉内斯·阿尔文，在 1988 年于巴黎召开的诺贝尔奖获得者国际大会上提出："人类要生存下去，就必须回到 25 个世纪以前，去吸取孔子的智慧。"[①]这是很有远见的看法，代表了人类对未来的关心，也代表了对孔子智慧的无限期许。

以孔子为代表的中国文化，已开始成为世界人民共同的精神财富。孔子已成为"世界历史上最有影响的人物"之一，被尊为"世界十大思想家"之首，并与耶稣、释迦牟尼、穆罕默德相提并论。孔子所代表的"亚洲价值观"也引起世界的广泛重视。随着改革开放的进一步发展，以孔子为代表的中国文化在人类文明进程中将作出越来越重要的贡献。

---

① 见 2003 年 4 月 16 日《中华读书报》胡祖尧文。

后　记

　　孔子是从古至今不断被述说、被研究的思想家,同时又是很难"定论"的思想家。孔子的思想影响到中国文化的各个方面,但是,很难从某个方面将它说清楚。我们的研究只能是不断逼近真实的孔子。

　　孔子没有留下自己的著作(因为当时还没有私人著书立说的习惯)。研究孔子的唯一可靠的文本,是由他的弟子记录、再传弟子整理而成的一部《论语》。这是一部语录体、对话体的著作。清代以后,有人从其他著作中辑录孔子的言论,直到今天,还有人做这项工作。对于这些"辑语",我们能作参考,却不能直接引用。因为这些言论,虽然在各书中冠以"子曰",但其直接的文献来源仍不清楚。因此,本书仍以《论语》为原始文本,作为研究的主要依据。此外,也参考了史书上的有关记载。有的学者甚至认为,严格地说,连《论语》中的最后几篇,都不能作为研究孔子的第一手资料。这就过于严格了。即使所记录的,不是直接从孔子那里听来的,也是去孔子不远,我们还是可以引用的。"文本"并不限于书写文字,还包括实践活动。孔子不仅是一位思想家,而且是一位实践家。但是,孔子的实践活动也只能依靠文字记载去了解。

今天,孔子作为中国文化的象征,越来越受到人们的普遍重视。不仅在学术研究领域,而且在社会生活的各个方面,大家都在谈论孔子。这表现出中国人的文化认同感。当然是在开放视野下的认同。值得重视的是,人们大都带着时代的"问题意识"重新理解孔子。在多元文化的背景下,由于各人的"视角"不同,对孔子的理解与解释也就各异。这是很自然的现象。我的基本态度和方法是,力求"回到原点",从中国文化的基本精神出发,去理解孔子。我们说,孔子开创了中国文化,研究中国文化应当从孔子开始。但是,孔子又是在中国文化发展的历史长河中存在的,要研究孔子,又不能离开中国文化的背景。实际上,孔子与中国文化是不能分开的。照我的理解,中国文化有一个基本精神,这就是"究天人之际",也就是"天人合一"。中国文化中的所有问题都与这个基本精神分不开。这个基本精神,就是由孔子提出的,但又不止于孔子一人,而且是在不断的解释中表现出来的。比如作为孔子学说核心的仁,我是从"天人合一"的思维框架中去理解的,而不是从人与自然相对立的所谓纯粹主体性去理解的。今日理解孔子,必须参照西方文化,但又不能简单地套用西方文化的观念,庶几可以讲出孔子思想的真精神。这个话说起来很容易,但做起来很难,我也是"勉为其难"。

如果说孔子奠定了中国文化的基础,这毫不意味着孔子是中国文化的唯一代表,也不影响中国文化多元发展这个"事实"。我们可否说,中国文化既是多元的,又是不断整合的?中国文化发展的历史能够证明这一点。但是,在其不断整合的过程中,孔子思想居于核心地位,这一点似乎是可以肯定的。这也就是孔子何以成为中国文化象征的原因所在。

孔子这个人物是很难写的,也是最需要研究的。正因为如此,希望本书能起到"抛砖引玉"的作用。